KB098313

거지를 동정하지 마라?

경제학의 실업이론 비판

거지를 동정하지 마라?

로랑 꼬르도니에 지음 / 조흥식 옮김

창작과비평사

■ 일러두기

1. 원서에 프랑(FFR)으로 표기된 금액은 1FFR≒188원 환율을 적용하여 원화로 바꿔 표기하였다.

2. 저자 주는 원서와 같이 본문 뒤에 한꺼번에 실었고, 옮긴이 주는 해당 면 하단에 실었다.

3. 표지 및 본문 그림은 Quino의 작품으로 원서에는 없는 것이나 독자들의 이해를 돕기 위해 사용하였다.

   Quino는 1932년에 아르헨띠나에서 태어났으며, 이딸리아를 거쳐 현재 프랑스에서 활동 중이다. 그의 많은 책들이 전세계에 널리 소개되어 호평을 받고 있다.

한국의 독자들에게

어떤 사람들은 불행의 원인을 찾아봄으로써 그에 대한 위로를 받으려 한다. 프랑스에서는 상당히 오랫동안 자국과 유럽에서 실업률이 증가하는 원인을 한국과 한국인(다른 아시아의 용들과 함께)의 탓으로 돌리고 있었다. 한국은 사회보장제도와 권리가 전무한 전형적인 저임금국가이고, 이와같은 사회적 덤핑에 기초한 불공정경쟁을 통해 프랑스와 유럽의 고용을 위협하는 나라로 인식되었던 것이다. 그러나 불행히도 한국마저 경제위기를 맞아 실업률이 급속도로 증가하면서 이런 설명은 더이상 유행을 타지 못하고 있다. 특히 과거 프랑스에서는 한국이라는 '도깨비'를 들먹이면서 임금이나 사회적 권리를 억압하려 했으나, 한국의 경제위기는 이런 전략을 무용지물로 만들어버렸다. 이제는 다른 설명을 찾아야만 하는 상황이 도래한 것이다. 물론 중국인이나 인도네시아인이 과거에 한국인이 했던 역할을 대신할 수도 있을 것이다. 그러나 좀더 확실한 원인을 찾아서 대중을 설득하는 것만큼 효율적인 방법은 없을 것이다.

경제학의 실업이론은 이에 대해 트럭으로 나를 수 있을 만큼 다양하고 확실한 이유들을 제공하고 있다. 물론 프랑스와 한국의 사회적·경제적 상황은 다르지만, 이 책이 한국어로 번역됨으로써 한국의 독자들도 이러한 확실한 이유들을 함께 알 수 있을 것 같아 기쁘기 그지없다. 왜냐하면 한국에서도 많은 사람들이 실업률이 증가하는 이유에 대해 의문을 가지고 있을 것이기 때문이다. 나는 비록 멀리 있지만 한국의 상황을 비교적 쉽게 상상해볼 수 있다. 그곳에서도 단순히 너무나 높은 임금과 광범위한 사회적 권리가 경제난이나 실업을 운명적으로 초래하고 있다고 설명하는 사람들이 많을 것이다. 물론 한국인들의 불행에 대해 걱정하는 양심있는 사람들은 이런 설명을 제시하면서 경쟁력을 향상시키기 위해 임금 인상을 저지해야 한다고 단순하게 말하지는 않을 것이다. 이런 주장은 너무 제한적이고 이론적인 기초도 없지 않은가? 그보다 훨씬 근본적인 문제가 존재한다.

그렇다면 실업의 근본적인 원인은 어디서 찾아야 하는가? 신고전주의 경제학의 실업이론이 제시하는 답은 한국이나 프랑스나 할 것 없이 똑같다. 어떤 상황에서도 일부 노동자들이 일자리를 찾지 못하는 이유는 노동시장에서의 실질임금(노동의 가격)이 너무나 높기 때문이라는 것이다. 언뜻 보면 노동이라는 상품은 당근이라는 상품과 그리 달라 보이지 않는다. 가끔씩 상품이 남아도는 이유는 그 가격이 너무 비싸기 때문이 아닌가?

이렇게 신고전주의 이론은 노동의 가격이 높기 때문에 실업이 발생한다고 줄기차게 주장하는데, 그렇다면 왜 임금이 그토록 높단 말인가? 바로 이 부분에서 신고전주의 이론은 풍성한 상상의 나래를 편다. 이 책은 현대 경제학의 실업이론이 제시하는 다양한 고임금의 원인을 소개하면서 이 학문의 창조력, 창의력 그리고 개성에 경외심까지 표하고 있다! 물론 이러한 대단한 상상력에도 불구하고 결국 실업의 원인으로 지목되는 죄인은 항상 노동자지만 말이다. 다시 말해 노동시장에서 노동자의 행동 때문이건, 노동시장을 망치기 위해 만들어놓은 각종 법률 때문이건, 또는 사회복지제도나 노동조합 같은 제도 때문이건 간에 실업의 원인은 노동자에게 있다는 것이다. 좀더 명확하게 표현하자면 실업이 존재하는 이유는 임금노동자들이 항상 너무 많은 것을 요구하고, 자신의 안정과 이익만을 추구하면서 남의 도움이나 받으려 하고, 겁쟁이에다가 약삭빠르고 게으르며 충동적이기 때문이라는 것이다.

이것이 바로 신고전주의 경제학자들이 좀더 세련된 용어를 사용하면서, 그리고 수학공식을 잔뜩 활용하면서 주장하고자 하는 '과학적' 이론의 핵심이다. 내가 이 책을 집필한 목적은 이와같은 학술적 이론을 누구나 이해할 수 있게 쓰는 것이었다. 이러한 작업을 통해 나는 신고전주의 경제학자들이 주장하는 실업이론의 과학적 성격이 얼마나 의심스러운지를 보여줄 수 있다고 기대한다. 덧붙여 주제는 무척 심각하지만, 그래도 한국의 독자들이 조금이나마 미소를 띠면서 이 책을 읽을 수 있기를 기대해본다.

2001년 11월

로랑 꼬르도니에

차례

서론

어쩌면 화폐주의(monetarism)의 대표주자 밀턴 프리드먼 (Milton Friedman)의 말이 맞는지도 모른다. 가난한 사람들에 대해서 우리가 할 수 있는 최선의 방법은 그들을 그냥 내버려 두는 것이다. 그들의 상황은 당연한 것이고, 그들이 선택한 결과이기 때문이다.

노동경제학이라는 커다란 신화는 이런 생각을 믿게 한다. 이 신화에 따르면 가난한 사람과 실업자의 불행은 그들이 스스로 초래한 일이고 자신들이 그에 대한 유일한 책임자라는 것이다. 그들은 자신이 처해 있는 극악한 상황에서 벗어나려고 노력하는 경향을 보이는데, 바로 그 노력 때문에 계속해서 더욱 극악한 상황으로 떨어진다는 것이다. 또한 이 신화에 따르면 월급쟁이들은 자신의 낮은 생산성보다 항상 더 많은 보수를 요구하고, 안정과 이익을 추구하며, 각종 지원금을 타먹으려고 한다. 이들은 본질적으로 기회주의적이며 무척 게으르기 때문에 언젠가는 실업자가 될 수밖에 없다는 것이다. 이런 관점에서 본다면 실업은 '가난한 자도 부자가 될 수 있다'는 환상을 유지하기 위해 치러야 하는 희생이다. 이들은 이것이 환상일 뿐이라는 것을 알고 있는데도 말이다. 논리적으로 생각할 수 있는 사람이라면 '가난한 자도 부자가 될 수 있다'는 표현의 명백한 모순을 읽을 수 있을 것이다. 그러나 노동경제학은 사람들이 실업이라는 희생을 반복적으로 치러야만 이런 모순을 실질적으로 실감하게 된다고 주장한다. 말하자면 가난한 자는 매우 합리적으로 희생을 치르고 있는 것이다. 모든 신화는 구조적인 일관성을 가지고 있는데, 우리는 어떻게 이런 황당한 설명이 가능한지를 살펴볼 것이다.

　이 책의 주제는 경제학, 특히 노동경제학이 실업을 취급하는 방식을 보여주고 이해시키는 것이다. 그 목적은 일부 지식인이라는 사람들이 임금노동자와 실업자에 대해 어떤 이야기를 하는지 살펴봄으로써 과거에 유행한 바 있는 '대중의 교육에 기여'하기 위해서이다.

우리의 계획은 결국 '노동시장 유연성의 필요'를 떠들어대는 전문가, 언론인 그리고 많은 정치인들의 주장에 등장하는 경제이론을 분석하는 작업이다. 이는 결과적으로 한 권의 노동경제학 교과서를 만드는 일이겠지만, 여기서는 전문가들만이 이해할 수 있는 수학공식을 배제하고 일반인이 이해하기 쉬운 문장으로 바꿨다. 사실 경제학자들은 매우 복잡한 수학 공식과 도표를 사용하여 자신의 작업이 무척이나 과학적인 것처럼 증명하려 하지만, 실제로 경제현상을 이해하는 데 이런 공식과 도표는 별 도움이 되지 않는다.

이와 동시에 우리는 전문가, 언론인, 석학, 정치인 등이 어떤 근거를 가지고 이런 주장을 하는지를 보여줌으로써 소박하나마 노동경제학의 문제점을 제기하는 데 기여하려고 한다. 오늘날 노동경제학은 과학적 담론의 외형을 가지고 있지만 그 실질적 기능은 지적으로 세계를 지배하여 변화시키려는 의도를 담고 있다. 쉽게 말해서 노동경제학은 세계를 변화시키기 위한 학술적 도구를 만들어내는 합리적이고 체계적인 공장의 역할을 수행하고 있다. 우리가 여기서 노동경제학 방법론의 신중성이나 논리 전개의 견고함에 문제를 제기하는 것은 아니다. 이 책은 오히려 신고전주의 경제학 이론의 형식적 견고성에 대한 찬사라고도 할 수 있다. 하지만 우리는 '모든 것이 정확하다고 해서 반드시 진실한 것은 아니'라는 사실을 잘 알고 있다. 노동경제학이 바로 이런 경우에 해당하며, 누군가 이 사실의 예를 제시하라고 한다면 우리는 주저하지 않고 신고전주의 노동경제학의 경우를 제시할 수 있을 것이다. 이 학문은 표면적으로는 개연성이 높은 가설에서 출발하지만, 결국은 대부분 이상한 결론에 도달하고 만다. 경제학자는 자신의 학술적 교리를 만들어가는 과정에서 논리적 사고와 수학적 언어를 남용하곤 하는데, 부분적으로는 이를 통해 독자들을 무감각하게 만드는 효과를 얻을 수 있다. 왜냐하면 경제학의 논리성과 수학공식 및 도표에 얼이 빠진 독자는 그 주장의 황당함을 잠시 망각하기 때문이다. 또한 경제학자들이 체계적으로 사용하는 메타포와 완곡한 표현(예를 들면 효용, 복지, 최적, 합리성, 결정, 행동 등)들은 무감각화의 다른 수단일 뿐이다.[1] 나머지는 증명되지 않은 것들과 독단적인 주장에 의존하고 있는데 사실은 이 부분이 가장 중요하다. 이를테면 노동은 다른 물건과 마찬가지로 일종의 상품이며, 순수한 상인의 입장에서 보면 이를 사거나 팔기 위해 시장에서 만나는 개인들간의 매우 상업적인 거래의 대상이라는 주장이 있다. 경제학자들은 만일 현실이 자신들의 황당한 상상에 부합하지 않는다면 현실을 바꿔야 한다고 주장하기까지 한다! 이러한 **전제**가 핵심이라고 한다면 신고전주의 이론이 보여주는 형식적 견고성과 사용하는 용어의 부드러운 느낌은 주로 이 핵심적 메씨지를 전달하기 위한 환각제로 기능할 뿐이다. 왜냐하면 신고전주의 이론은 '진정한' 노동시장의 형성을 가로막는 중죄를 저지르고 있는 것은 임금노동자들이며, 이들로 인해 실업이라는 비용을 치러야 한다고 주장하기 때문이다. 이런 학술적 이론을 대중이 이해하기 쉽게 설명함으로써 우리는 도대체 경제학자들이 어떤 논리적인 방법으로 완벽하게 사고하기에 거의 매번 '거지를 동정하지 마라'라는 결론에 도달하게 되는지를 밝히려고 한다.

만일 이 '교육적' 계획이 성공하여 경제학자들과 경제학의 역할을 독자들에게 제대로 보여준다면 우리는 경제학자들처럼 높은 사고의 능력과 표현의 자유를 가지고 있는 훌륭한 '학자' 부대가 아무것도 요구하지 않는 권력의 논리에 손발이 다 묶여 앵무새 노릇만 하고 있는 것에 대해 놀라움을 금할 수 없을 것이다. 어떤 전체주의 체제에서도 경제학자들처럼 논리적인 훈련을 받은 세련된 영혼을 가진 자들에게 '실업은 노동자의 게으름의 결과이다'라고 세뇌시킨다면 '말도 안되는 주장'이라고 저항하는 용기있는 자들이 몇명이라도 나타났을 텐데 말이다. 민주주의 사회에서 지적(知的) 생산이 자유롭게 이뤄지는 것은 당연하고 보호되어야 하는데, 그럼에도 불구하고 항상 똑같은 슬로건만 즐겁고 흥겹게 외쳐지고 있다. 뒤에서 살펴보겠지만 이런 이론의 학술적 치장을 벗겨놓고 보면, 그 깊은 의미는 일반적으로 우리의 상상을 초월할 정도로 더러운 것이다. 이 책은 바로 그 의미가 얼마나 더러운지를 조금이라도 보여주기 위해서 씌어졌다.

필자와 같은 경제학자들에게는 어쩌면 조금 이상하다고 생각될 일일 수도 있겠지만 이 책은 일반 독자를 대상으로 하고 있다. 이 책은 이를테면 『르몽드』(*Le Monde*)지 '관점'란에 실렸던 알랭 맹끄(Alain Minc)*의 일부 주장에 대해 놀란 나머지 며칠 뒤에 반박문을 기고한 어떤 독자의 호기심을 충족시켜줄 수 있을 것이다. 알랭 맹끄는 "우리는 합리적으로 실업을 선택한 실업자들이 있다는 사실을 알고 있다. 그들은 실업자 지원제도와 이로 인해서 생기는 노동시장으로의 복귀에

*프랑스에서 활발하게 활동하고 있는 신자유주의 경제학자이다.

대한 장벽효과 때문에 국립고용쎈터에 실업자로 등록하는 것을 선호하는 사람들이다. 이들은 비공식적인 시장에서 파트타임으로 일을 하기도 한다"[2]고 주장했다. 이에 대해 『르몽드』지의 한 독자는 "어떻게 대부분 절망 속에 빠져 있는 사람들에 대해서 이와같이 말할 수 있는가? 이들은 맹끄가 생각하는 것과는 반대로 일자리를 찾기를 원한다"[3]라고 거부감을 표현했다. 또다른 독자는 대통령의 측근들이 마련한 토론회 보도에 대해 반발했다. 이 토론회 보도에 따르면 크리스띠앙 쎙떼띠엔느(Christian Saint-Etienne)*는 "구호(救護)는 게으름을 만들어내고 … 최저소득제**의 수혜자들은 이익을 극대화하는 자들"[4]이라고 주장했다. 이에 대해 그 독자는 "도대체 한달에 47만원을 받는 사람들에게 어떻게 이런 표현을 사용할 수 있느냐?"[5]며 반발했다. 도대체 쎙떼띠엔느의 이런 주장은 어떻게 가능한 것인가? 노동경제학을 제대로 공부한 사람이라면 이런 주장은 너무나도 당연한 것이다.

이를 증명하기 위해 우리는 우선 임금노동자를 노동의 공급

*프랑스에서 활동중인 또다른 신자유주의 경제학자이다.
**프랑스의 최저소득제는 노동여부와 상관없이 프랑스 국민이라면 누구나 혜택을 받을 수 있는 사회복지제도로서 1990년대 초반에 장기실업자들의 사회적 빈곤과 소외현상이 심화되자 만들어졌다.

자로, 자본가는 노동의 수요자로 만드는 결정과정을 검토할 것이다(1장). 그리고는 노동의 공급과 수요가 서로 충돌하고 이 충돌을 통해 고용과 임금의 수준이 결정되는 시장의 '기능'을 살펴볼 것이다(2장). 이를 통해 우리는 실업이란 노동시장이 제대로 작동하지 못하게 만들기 때문에 발생한다는 '당연한' 사실을 알게 될 것이다. 완벽한 경제적 합리성을 가진 임금노동자들은 자신의 이익이 시장 기능의 정상적 작동에 있을 경우에는 이러한 기능의 장애를 일으키지 않는다. 그러나 신고전주의 경제학의 실업이론은 임금노동자가 자신의 복지를 극대화하기 위해서 만들어낸 최저임금제와 노동조합이야말로 자발적 실업을 만들어내는 원인이라고 주장한다(3장). 마찬가지로 사회적 지원이나 보험제도 역시 임금노동자들이 각종 지원금을 얻어내기 위해 만든 것이며, 실제로도 이 장치들은 편안함과 게으름을 부추기는 실업의 원인 그 자체라는 것이다(4장). 나아가 신고전주의 경제학의 실업이론은 실업의 원인은 노동계급 자체의 나쁜 심성에 근거하는지도 모른다고 주장하기까지 한다. 임금노동자들은 겁쟁이에다가 약삭빠르며, 충동적이고 게으르고 못됐기 때문에 결국 정당한 댓가를 치를 수밖에 없다는 것이다(5장). 이러한 이론들은 상호 배타적인 것이 아니기 때문에 결국에 가서는 앞 장에서 검토한 미시적 이론들이 상부상조하여 하나의 거시경제적 이론으로 '통합' 된다. 그리고 실업은 노동시장의 '자연스러운' 특징으로 등장하게 된다. 하지만 이와 동시에 경제학자들은 실업이 그토록 '자연스러운' 것은 아니라고 주장한다. 이 단계에서 우리는 자본가들의 이익을 보호하기 위해 적당하고 충분한 실업자의 수를 유지하는 역할이 중앙은행에 있다는 사실을 이해하게 된다. 요즘의 경제정책을 살펴보면 화폐를 찍어내는 호화스런 중앙은행이 주도적인 역할을 담당하고 있으며, 계급투쟁조차도 당분간은 중앙은행의 주도력이라는 그늘 속에 일종의 겨울잠을 자러 들어간 것처럼 보이기 때문이다.

1
노동시장이 열리기 전날:
노동자와 고용주의 밤샘 작업

실업에 관한 경제학자들의 설명을 살펴보기에 앞서 우리는 고용의 양과 임금의 결정과정에 대한 그들의 분석을 소개해야 할 것이다. 뒤에서 언급하겠지만 이상적인 상황에서 노동시장은 완전고용을 보장한다. 이런 전제를 완벽하게 믿지 못한다면 굳이 실업의 원인을 연구할 필요가 없다. 왜냐하면 모든 실업의 원인은 완전고용을 향해 있는 시장의 이상적 기능을 조금씩 마비시키는 노동시장의 장애에서 비롯하기 때문이다. "종교적인 의례를 따라하다 보면 믿게 될 것이다!"라고 빠스깔(B. Pascal)은 말했다. 우리는 앞으로 두 개의 장에서 독자들이 빠스깔의 충고를 따르도록 할 것이다. 독자들이 과학의 불빛을 정직한 마음으로 따라온다면 커다란 어려움 없이 실업경제학의 단계로 진입할 수 있을 것임을 우리는 보장한다. 노동이 무엇인지, 그리고 임금노동자와 고용주들이 노동시장에서 어떻게 행동하는지 확실하게 알게 되면(1장에서 다뤄지는 내용이다), 그리고 노동시장 이론에 기회를 한번 주고 믿어보려는 노력을 한다면(2장에서 다뤄지는 내용이다), 드디어 실업이론의 단계로 진입할 수 있을 것이다. 그러나 이를 위해서는 약간의 노력이 필요하다. 사람들이 항상 반복적으로 강조하듯이 '공짜는 없'기 때문이다.

노동이란 무엇인가?

경험적으로 증명되었듯이 일반인들은 노동의 개념에 대해 매우 혼란스런 생각을 가지고 있다. 상식적으로 생각하며 살아야 하는 사람들은 혼란스런 개념의 미로에 빠져 중요한 것을 생각할 수 없고 경제학자가 갖고 있는 수준 높은 시각도 가질 수 없다. 경제학자는 중립적이고 자신의 능력을 극복할 수 있는 유연성을 보유하고 있으며, 노동을 하나의 순수한 개념으로 인식하는 데 필요한 추상적인 능력의 튼튼한 전망대에서 사회를 바라보고 있다. 일반인들, 달리 말해서 임금노동자의 3/4은(매달 200만원 이하를 손에 쥐는 사람들) 노동이 운명(운명을 받아들이는 방식은 여러가지겠지만)이라고 확실하게 상상하고 있다. 왜냐하면 그들은 입에 풀칠을 해야 하고 집세를 내거나 할부금을 갚아야 하며, 가족을 먹여살리고 차를 한 대 굴리면서 매일 같이 물건들이 소모되는 데 대해(오늘날의 세탁기는 미래에 고장날 것이다) 일상적으로 투쟁해야 하는 운명을 타고났기 때문이다. 때로는 철학자적인 입장에서 일반인들은 끊임없이 반복되는 '노동-휴식-레저-노동'의 주기적인 움직임 속에서 삶이 소모되어간다고 느끼면서도 이런 주기적인 움직임이 항상 삶을 갱생시키는 생존적 힘의 건강한 반복이라고 생각한다. 일반인들은 기분이 좋은 날에는 공장(혹은 사무실이나 거리)과 자신의 무의미함을 말해주는 장소(슈퍼마켓과 텔레비전, 그리고 스키장 리프트를 타기 위해 줄서는 곳 등등)를 오가면서도 이 반복적인 고통이 나름대로의 장점을 가지고 있다고 인정한다. 사람들은 게으름이 죄악이라고 말하지 않는가? 그러나 그가 피곤에 지쳐 있을 때는 과연 이런 세상이 제대로 된 것인지에 대해 의심을 품기도 한다. 이렇게 실망에 빠져 있는 순간에는 일을 가지고 있다는 것이 얼마나 행복한 것인지조차 잊는다.[6] 그러고는 어두운 생각들을 떠올리기만 한다. 사업에 돈 한푼 대지 않고 자본의 이익 분배에 동참하는 특권을 가진 소수의 월급쟁이 계층을 제외한다면 임금노동은 그 누구에게도 부를 제공하지 못했다⋯⋯ 아니 오히려 남에게 노동을 시키는 사람들이 부를 축적하지 않는가, 이밖에 또⋯⋯

일반인들은 결국 깊이 사고할 수 있는 가능성을 모두 상실할 수밖에 없다. 그러면서 그들은 이렇게 되뇌일 것이다. '일이란 결코 복잡한 것이 아니야. 일에는 노력과 고통이 따르지. 하지만 일하면서 동료도 만날 수 있고 즐거움도 느낄 수 있어. 위에서 시키는 대로 일을 하고(실은 가끔 시키는 대로 하지 않고 다른 방식으로 하기도 하는데, 만일 시키는 대로만 하면 되는 일이 없을 거야) 실업자가 안되기 위해서 집착하고, 가끔 따분해하면서도 약간의 보람을 찾고, 기회가 되면 연봉을 올리려고 시도하는 것, 뭐 이런 다양한 것들이 일이 아닐까?'

이와같은 일상적인 이야기들을 접하게 되면 경제학자의 존재 이유는 이런 두서없는 이야기에 약간의 질서를 부여하고 약간의 깊은 생각을 덧붙이는 데 있다고 이해할 수 있다. 그러나 과학은 추상화를 통해서 이뤄지는데, 자연과학에서처럼 사회과학의 여왕이라고 하는 경제학에서도 이는 마찬가지이다. 추상화 작업이란 것이 얼마나 어려운지 이를 얕보아선 안 된다. 다음에 소개하는 내용에 도달하는 데 200년 이상이 걸렸으니 말이다.

실제로 노동자는 다른 사람과 마찬가지로 **합리적인 개인**이다. 달리 말해서 노동자는 교환을 통해 **자신의 복지를 극대화**하려고 고심하는 존재이다. 임금노동자가 존재하는 이유는 개인들이 자신의 **초기자산**(dotation initiale: 사람들이 보유하고 있는 일종의 교환 가능한 재화의 양으로, 사람에 따라 많고 적음의 차이가 난다)에 노동이라고 하는 특수한 형태의 상품(**재화** 또는 좀더 정확하게 말하면 요소)을 보유하고 있기 때문이다. 물론 초기자산에 노동만 있는 것은 아니다. 기계나 자연자원 또는 소비나 생산에 유용한 다른 재화를 가지고 있을 수도 있다. 그러나 임금노동자가 되기 위해서는 최소한 노동은 가지고 있어야 한다. 노동시장에서 노동자는 **효용**(만족 또는 복지)을 주는 재화를 **소비**하기 위해 자신의 노동을 다른 것(대부분 임금)과 교환하여 공급해야 한다. 좀더 현대적으로 표현하면 노동자가 가지고 있는 것은 정확하게 말해서 노동이 아니라 **인적 자본**이다. 이 인적 자본은 상속받은 것일 수도 있고 이를 능력으로 보유하기 위해 투자한(달리 말하면 돈을 쓴) 것일 수도 있다. 조금 덜지루한 표현을 써서 쉽게 말하면 인적 자본이란 노동자의 모든 육체적·지적 능력을 종합하는 일종의 잠재력이며, 그가할 줄 알고 할 수 있는 모든 것을 반영한다고 하겠다. 자연스럽게도 각자가 노동시장에 나오기 전에 내린 전략적 **선택**에따라(이 선택은 대부분 학업의 종료시기와 그 기간에 관한 선택이다) 인적 자본의 초기자산의 양은 다를 것이다. 그러나여기에 부당함이란 없다. 자산이 많은 사람은 단지 그 자산을얻기 위해 비용을 치른 사람들이다. 부연하면 이들은 미래의소득을 높이기 위해 시간(학력을 쌓는 기간 동안 이 사람은노동을 통한 소득을 얻지 못했다)과 돈(교육의 구매)을 투자한 것이다. 반대로 가장 **조급한 자들**(이들은 미래의 소득에 대해 적은 비중을 두고 계산하는 자들이다)은 단순히 다른 선택을 했을 뿐이다. 공부하는 기간을 줄이고 보다 빨리 인생을 즐기려 했다.[7] 개인의 인적 자본의 자산이 어떻게 되든 그가 노동시장에서 파는 것은 이 재화가 아니다. 사실 맑스(K. Marx)는 노동자가 자본가에게 자신의 **노동력**(이는 인적 자본의 구시대적이고 촌스러운 버전에 불과하다)을 판다고 교묘하게 주장하여 믿게 했다. 만일 노동자가 자신의 인적 자본을 팔아 버린다면 고용주는 그 다음에 이 인적 자본을 마음껏 착취할 수 있을 것이다. 그러나 이는 자유주의의 상호성 원칙과는 동떨어진 이야기이다. 실제로 노동자들이 파는 것은 이 인적 자본의 **생산적 용역**일 뿐이다. 달리 말해서 이것은 인적 자본에서 부를 창출하는 능력을 주어진 시간 동안 행사하는 것을 의미한다. 임대업자가 부동산을 팔지 않고 일정 기간 동안 세입자에게 사용권을 제공하는 것처럼 노동자도 자신의 인적 자본을 파는 것이 아니라 부를 창출해낼 수 있는 써비스를 특정 기간 동안 사용할 권리만을 파는 것이다. 결국 노동이란 인적 자본의 생산적 용역의 흐름(시간으로 계산된)이라고 할 수 있으며, 이는 생산과정에서 기계·건물·토지·인프라·특허 등 다른 종류의 자본과 혼합된다. 사람들은 뒤늦게 이 사실을 깨달았지만 실질적으로 우리는 모두 자본가인 셈이다.[8] 차이가 있다면 그것은 각자가 가지고 있는 자본의 종류이며(인적 자본, 기계 자본, 특허 자본 등) 그 양과 각 자본의 비중 또한 다양하다. 그리고 다양한 생산요소의 시장에서 교환되는 것은 이런 자본의 임대일 뿐이다. 노동계약이란 많은 자본임대계약 중의 하나에 불과하다.

노동의 공급

우리는 노동시장에서 교환되는 상품이 어떤 것인지 살펴보았다. 이제는 노동자가 노동시장에서 상품의 공급자로서 어떻게 행동하는지를 면밀하게 살펴볼 시간이다. 우리가 잊지 말아야 할 사실은 노동자가 경제적인 의미에서는 완벽하게 합리적인 존재라는 점이다. 그는 논리적이고 계산적이며 '냉정'하게 행동하고 자신의 복지(또는 경제학자들이 즐겨 사용하는 만족이나 효용)를 극대화하려 한다.

우선 왜 노동자가 임금을 요구하는지를 검토해야 한다. 만일 그가 순수한 즐거움을 얻기 위해 일한다면 그는 반대급부를 요구하지 않고 단순히 자신의 노동을 고용주에게 선사할 것이다. 그러나 알다시피 현실은 그렇지 않으며 노동자는 자신의 생산적 용역을 제공하는 댓가로 임금을 요구한다. 즐겁기 위해서 일하는 것이 아니라면 노동자는 노동을 하면서 고통을 받는다는 말인가? 그렇다면 노동은 지루하고 힘들며 스트레스를 준다는 의미이고, 노동자는 이에 대한 손해배상을 요구한다는 말인가? 이것은 잘못된 생각이다. 경제학자에게 있어 노동은 그 자체가 **선험적으로** 어떤 효용이나 비효용을 초래하지 않는다.[9] 그렇다면 왜 노동자는 돈을 받으려고 한단 말인가? 우리가 생각하기에는 아주 간단한 이유에서이다. 단지 그는 배가 고프고 집세도 내야 하고, 자식의 식비나 각종 세금, 교통비 등을 내야 하기 때문이다. 물론 어느정도 이런 이유 때문이기도 하지만, 경제학자에게 이것은 너무 단순한 생각이다. 노동자는 당연히 자신에게 어느정도의 효용을 제공해주는 **소비**에 끌리긴 하지만, 그는 무엇보다 여가(아주 단순하게 말해서 일을 하지 않는 시간을 말한다)를 추구하고 있다. 그 때문에 노동자는 매우 해결하기 어려운 문제를 떠안게 된다. 그것은 노동자가 소비와 여가를 동시에 원한다는 거의 딜레마와 같은 문제이다. 소비를 하기 위해서는 일을 해야 하는데 일을 한다는 것은 여가를 희생한다는 의미를 갖고 있다. 그래서 노동자는 이러한 희생의 댓가를 고용주에게 요구하는 것이다. 좀더 정확히 말해서 노동자는 소비의 효용과 여가의 효용 사이에서 조절을 한다. 그는 이 두 가지를 비교하면서 주어진 임금 수준에서 특정한 소비 수준에 도달하기 위해 어느정도의 노동을 제공할 것이며, 이와 관련해서 어느 정도의 여가를 유지할 것인지를 저울질하게 된다.[10] 이것을 좀더 자세히 들여다보자.

노동자가 내일 아침 노동시장에 나가면 시간당 7,000원을 받을 수 있는 고용 제안을 기대하고 있다고 가정하자. 이 가격이라면 노동자는 하루에 몇 시간의 노동을 공급할 생각이 있는 것일까? 하룻밤 동안 노동자는 이 어려운 문제를 고민해야 한다. 노동자와 함께 생각을 전개해보자. 그는 여가를 무척 좋아하지만 하루에 깨어 있는 16시간 동안 빈둥거릴 필요는 없다고 생각한다. 한 시간의 여가를 포기하고 한 시간의 노동을 통해 벌은 7,000원으로 소비를 할 수 있다면 이는 무척 좋은 일이라고 생각한다. 두번째 여가를 포기하고 7,000원을 더 벌면 좋다는 것도 당연한 일이고 세번째, 네번째 여가도 마찬가지이다. 그는 이미 네 시간의 노동, 즉 네 시간 동안의 여가를 희생해버린 것이다. 하지만 우리의 노동자는 상관없다고 생각한다. 그는 노동으로 벌은 28,000원이 제공하는 소비 수준이 소중한 여가를 포기함으로써 발생하는 괴로움을 보상하고도 남는다고 여기기 때문이다. 그러나 그는 이제 한 시간의 여가를 더 희생한다는 생각(이는 한 시간 더 노동을 한다는 의미이다)을 하게 되면 일종의 긴장감을 느끼기 시작한다. 이를테면 일곱번째 시간에 대해 생각하면서 그는 6시간 동안 벌은

42,000원에 7,000원을 더함으로써 생기는 추가 효용이 포기한 이 한 시간의 여가를 더이상 완전히 보상해주지 못한다고 느끼게 될 수도 있다.

하지만 노동자가 결정을 내리기 위해서는 확신이 서야만 한다. 한 시간이라도 더 노동을 한다는 것은 얼마나 바보 같은 짓인가? 그렇다면 문제의 이 한 시간은 일곱번째인가, 여덟번째인가, 아니면 아홉번째인가? 이 질문에 답하기 위해서 우리가 상정한 노동자는 다음과 같은 원칙에 대해 확신을 가지고 있어야 한다. 노동자는 시간당 임금으로 살 수 있는 소비가 여가 한 시간의 추가 희생을 보상할 수 있는 수준을 넘는 이상 계속 여가를 포기해야 한다. 즉 노동시간을 계속 공급해야 한다. 왜냐하면 자신의 만족을 유지하기 위해 **필요**한 추가 소비(한 시간의 여가를 포기할 때 생기는)가 한 시간의 추가 노동이 **가능**케 하는 추가 소비보다 적을 경우 그는 한 시간 더 노동함으로써 만족도를 높일 수 있기 때문이다. 노동자는 추가 소비로 계속 만족도를 높이려 하기 때문에 그의 휴식시간은 줄어들게 되고[11] 어느 순간에는 시간당 임금(이 임금은 불행히도 증가하지 않는다)이 더이상 이런 보상을 해주지 못하는 단계에 이르게 된다. 우리의 노동자는 자신이 원하는 것을 명확하게 알고 있다. 예를 들어 7,000원에 8시간 일하겠다고 하면 그것은 정확히 8시간이지 더도 덜도 아니다. **주어진 임금 수준**에서 노동시간 공급에 대한 노동자의 합리적 결정과정은 이렇게 진행된다.

하지만 밤하늘에는 아직 별이 떠 있고 우리의 노동자가 자려면 아직 멀었다. 내일 아침 노동시장에서 임금 수준이 시간당 7,000원이라고 어떻게 확신할 수 있는가? 그렇지 않을 경우에 대처할 준비가 되어 있는가? 아직 우리의 노동자는 대책을 세우지 못했다! 실제로 그는 상상할 수 있는 모든 가능한 임금 수준에 대해 이런 계산을 다시 시작해야만 한다. 이론적으로 그것은 0에서 무한대까지이다. 그에게 필요한 것은 내일 시장에서 제시될 수 있는 모든 임금 수준에 각각 몇 시간의 노동을 공급할 수 있는지를 적어놓은 수첩이나 도표인 것이다. 그래서 그는 다시 계산의 세계로 빠져들어간다.

이 작업이 끝난 다음에 우리의 노동자는 눈을 비벼댄다. 늦은 밤에 피곤해서 그런 것이 아니라 자신이 만들어놓은 **노동공급**의 도표가 너무나 놀랍기 때문이다. 한쪽에는 가격(다양한 임금 수준)의 목록이 있고 다른 쪽에는 각각의 가격에 해당하는 노동시간의 공급이 적혀 있다. 여기서 그는 무엇을 발견할까? 놀랍게도 내일 노동시장의 임금이 높을수록 더 많은 노동을 공급할 것이라는 사실이다! 그는 눈을 다시 한번 비빈다. 이 정보로 그림을 그려보니(임금 수준을 좌우로 놓고 노동시간의 공급을 상하로 놓는다) 그는 자신이 꿈을 꾸고 있는 것은 아닌지 의심하게 된다. 그의 **노동공급은 임금과 정비례**하는 것이다. 그는 어디선가 실수를 했을 것이라고 생각한다. 왜냐하면 **상식적인** 사람이라면 높은 임금을 받을 경우 죽도록 일할 필요가 없을 것이고, 또 만약 자신에게 시간당 높은 임금을 준다면 조금만 일할 거라고 생각되기 때문이다. 그러나 그는 마지막으로 견고한 사고 능력을 발휘하여 자신의 계산이 제대로 된 것이라고 믿는다. **합리적**이라고 해서 반드시 **상식적인** 것은 아니지만 합리적인 노동자의 경우 노동공급 곡선은 임금과 정비례한다. 임금이 상승하게 되면 **소득효과**와 **대체효과**라는 두 개의 결과가 동시에 발생하기 때문이다. 한편으로 시간당 임금이 올라가면(예를 들어 7,000원에서 9,000원으로) 임금노동자는 더 부자가 되고 더 많은 여가와 소비재를 가질 수 있다. 시간당 9,000원에 7시간 일해 63,000원을 벌면 7,000원에 8시간 일하는 것(56,000원)보다 더 많이 소비할 수 있게 된다. 따라서 소득효과는 임금이 올라갈 때 노동의 공급을 줄어들게 한다. 하지만 임금이 상승함과 동시에 한 시간의 여가 '가격'도 소비재의 가격에 비해 올라가기 마련이다. 왜냐하면 여가 '가격'이란 이 시간 동안 잃게 된 임금에 해당하기 때문이다. 따라서 임금노동자는 부분적으로 여가를 소비로 대체하게 된다.[12] 일반적으로 전제하듯이 이 두번째 대체효과가 첫번째 소득효과를 능가하고 임금이 올라갈 경우 임금노동자는 더 많은 노동을 공급하게 된다.[13]

이것이 바로 '노동자'는 누구이며 어떻게 행동하는지를 보여주는 것이다. 좀더 쉽게 생각할 수 있는 길이 없는 것은 아니다…… 이를테면 노동자는 임금 수준과 상관없이 항상 10시간의 노동을 제공한다고 생각할 수 있을 것이다. 사람들은 입에 풀칠을 하기 위해 제시되는 임금을 받아들일 수밖에 없고 최대한의 시간 동안 일해야 하는 것이 아닌가? 이러한 가설은 이론적으로 충분히 활용 가능하다. 그러나 이런 가설은 사고를 단순화하기 위해서만 사용되고 있다. 경제학자에게 중요한 것은 언제든지 단순화를 피해야 하는 데 있는데도 말이다. 하긴 이런 근면한 노동자 버전은 계산능력을 가지고 있기 때문에 존재론적 문제로부터 해방되었고 자신의 복지를 극대화하는 데만 취해 있는 쾌락주의적 월급쟁이나 그가 살고 있는 지상낙원의 이미지와는 거리가 멀다. 경제학에서 만든 노동자는 아이스크림을 하나 더 사먹을지 아니면 15분 더 낮잠을 잘지 사이를 시계추처럼 오가면서 번민하는 존재이기 때문이다.

노동의 수요

이제는 노동시장의 또다른 중요한 행위자라고 할 수 있는 고용주를 살펴봄으로써 노동의 수요가 어떻게 결정되는지 검토할 차례이다. 고용주가 관심을 가지고 있는 유일하고도 중요한 문제는 내일 시장에서 얼마만큼의 노동량을 구매할 것인가이다.

그의 목표는 시장에 나와 있는 임금노동자들을 고용하여 일을 시킴으로써 최대한의 이윤을 창출하는 것이다. 우리는 고용주가 시장의 임금노동자들을 모두 고용하여 쥐꼬리만한 임금에 일을 시키고 그들의 만족과는 상관없이 필요하다면 강제적으로라도 자신의 조건을 강요할 수 있다고 생각할 수 있다. 그러나 이런 방식으로 생각하는 사람들은 단순히 우리가 자유로운 사회에 살고 있다는 사실을 망각하는 사람들이다. 자유로운 사회에서는 어느 누구에게도, 설사 그 대상이 노동자라고 하더라도 자신이 하기 싫은 것을 강요할 수 없다. 따라서 고용주는 유혹의 방법을 써야만 한다. 그러나 어느 수준의 임금에서든 노동자의 구미가 당긴다고 볼 수 없다. 고용주는 임금노동자가 자신의 게으름으로부터 스스로 벗어날 수 있는 가격을 제시해야 하며, 덧붙여 노동자들이 경쟁시키는 다른 고용주들과의 경매에서 승리해야만 한다. 왜냐하면 노동자들은 가장 돈을 많이 주는 고용주에게 자신을 팔기 때문이다. 따라서 고용주는 시장의 조건을 수락할 수밖에 없다. 하지만 고용주가 계산을 하는 순간에는 얼마에 노동을 구할 수 있는지 정확하게 알 수가 없으며(내일이 되어야 시장에서 그 가격을 알 수 있다), 노동자와 마찬가지로 모든 가능성에 대처하기 위해 가설을 세울 수밖에 없다. 결국 고용주 역시 **선험적으로** 각각의 가격이 주어질 경우 얼마만큼의 노동량을 구입할 것인지를 알고 있어야만 한다.

여기서도 간단하게 결정하는 방법은 존재한다. 언뜻 생각해 보았을 때 부를 축적하는 방법은 다른 사람들을 부리면 가능하기 때문에 고용주에게는 언제나 최대한의 노동자를 고용하는 것이 이롭게 보일 수 있다. 따라서 한 시간의 노동비용이 이 시간을 투여해 생산한 제품의 가치보다 낮을 경우 고용주의 노동수요는 무한대라고 볼 수 있다. 한 시간의 노동으로 만들어낸 제품이 1만원이라고 할 때 시간당 임금이 1만원 이하인 경우 고용주가 노동자를 무한정으로 고용하는 것은 당연한 일이 아닐까(그리고 만일 임금이 1만원 이상이라면 노동자를 한 명도 고용하지 않을 것이다).[14] 이 논리를 조금 더 전개해보면 우리는 임금이 1만원 이하일 경우 노동의 수요는 임금과 정비례한다고 말할 수 있을 것이다. 왜냐하면 노동시간의 가격이 비쌀수록 고용 노동시간당 이윤은 적을 것이고, 따라서 부자가 되기 위해서는 더 많은 노동자를 고용해야 하기 때문이다!

이것은 경제학자들이 만든 노동수요 또는 고용결정이론에 상당히 가까이 다가가 있다. 하지만 한가지 문제가 존재하며, 이를 감안하면 위의 결과와는 완전히 다른 결과를 낳게 된다. 뒤에서 살펴보겠지만 실제로 노동의 수요는 임금에 반비례한다. 임금이 높을수록 고용주들은 노동자를 고용하기를 꺼려하는 것이다.

만일 노동의 수요가 무한대이거나(1만원 이하 임금의 경우) 또는 전혀 존재하지 않는다면(임금이 1만원 이상일 경우) '노동시장'은 무척 혼란한 상황에 빠져버릴 것이다. 임금이 1만원 이하일 경우 고용주들은 노동자를 무한정으로 고용하기 위해 서로 피 튀기는 경쟁을 할 것이다. 그러면 경매가격은 급격하게 상승하게 되고 결국은 임금이 순식간에 1만원 이상으로 치솟을 것이다. 이 가격에 도달하면 어느 고용주도 더이상 노동자를 고용하려 하지 않는다(한 시간 일을 시켜 만든 제품이 1만원인데 그 노동시간에 대해 1만원을 준다는 것은……). 그렇게 되면 일자리가 없는 노동자들은 요구임금을 급격히 낮출 것이고 1만원 이하에서도 일을 하겠다고 나설 것이다. 그러면 다시 기다릴 새도 없이 노동의 수요는 무한대로 늘어나게 되고 다시 한번 임금은 1만원 이상으로 끌어올려질 것이다…… 그리고 이러한 상황은 끊임없이 반복될 것이다. 그러면 결국 고용 수요는 0에서 무한대로 급격한 변화를 지속할 것이며, 임금 역시 9,999…원에서 1만원 사이를 쉴새없이 오르내릴 것이다. 거의 상상할 수 없는 지경이 아닌가!

경제학자는 이론적으로나 현실적으로 노동시장이 존재해야 한다고 생각하기 때문에 노동의 수요가 0에서 무한대로 왔다갔다해서는 안되며 각각의 임금 수준에 따라 완벽하게 정해지는 수요가 존재하는 이유를 찾아야만 한다. 그런데 한 시간 동안의 노동생산량이 항상 같고[15] 임금 수준이 시장에 의해서 결정되어 고용주에게 강요되는 상황에서 경제학자는 어떻게 문제를 해결해야 하는가?

이를 위해서는 여러 시간의 노동생산량이 한 시간 동안의 노동생산량에 비례하지 않는다고 가정하면 된다! 달리 말해서 노동생산량이 줄어든다고 가정하면 된다는 말이다. 경제학자들은 이를 **노동의 한계생산성**이 하락한다고 표현한다. 이 가정의 의미는 주어진 설비에 점진적으로 노동시간을 더하게 되면 어느 순간에 가서는 추가한 시간의 노동에서 비롯되는 생산량의 증가가 그 전에 추가했던 한 시간의 생산량의 증가보다 적게 된다는 말이다. 예를 들어 하루에 50시간까지 노동을 고용하면 각각의 고용 노동시간은 1만원의 생산품을 만들어내지만, 51번째 시간은 9,500원의 가치밖에 창출하지 못하고, 52번째 시간은 8,500원 그리고 그 다음 시간은 7,000원밖에 되지 않을 수 있다는 것이다. 경제학자는 이와같은 가설을 정당화하기 위해 대충 이런 설명을 제시한다. 기계나 건물, 연장, 사무실, 가구, 판매대 등의 주어진 자본설비에 노동력을 점진적으로 추가하게 되면 결국은 어떤 한계에 도달하게 되며, 각각의 설비는 어느 정도의 노동력에서 '제대로' 기능하도록 그 크기가 결정되어 있다는 것이다. 따라서 어떤 한계를 넘어 노동시간이 늘어나게 되면(노동량이 많아지게 되면) 생산과정에 혼란이 초래되고 노동은 그 효율성을 상실하게 된다는 설명이다. 물론 생산량은 계속 늘어나지만 노동시간이 추가될 때마다 그 늘어나는 속도는 줄어든다는 것이다. 이를 줄여서 **한계생산성**(추가 노동시간이 가져오는 추가 생산)**의 감**소라고 부른다.

이 가설을 따르면 고용 결정은 무척이나 해결하기 쉬운 문제가 되어버린다. 이윤의 극대화를 추구하는 고용주는 노동력에 추가되는 각각의 노동시간이 그 비용보다 많은 생산을 안겨주는 한 노동자를 계속 고용할 것이다! 달리 말해서 한계생산성이 시장에서 나타나는 시간당 임금보다 높을 경우에 말이다. 한계생산성은 고용이 늘어나면서 감소하기 때문에 필연적으로 어느 순간에는 추가 고용이 더이상의 이윤을 보장하지 못하게 된다. 왜냐하면 이 추가 고용시간은 그 비용만큼의 생산을 할 수 없기 때문이다. 이처럼 임금이 시간당 7,000원일 경우 고용주는 마지막으로 추가된 노동시간이 가져오는 추가 생산(한계생산성)이 7,000원이 될 때까지 계속 노동자를 고용할 것이다. 그것이 100번째 시간에 나타난다고 가정해보자. 그 이전에 고용을 그만두는 것은 비합리적인 행동이다. 만일 99번째 고용시간이 집단적 노동의 생산을 7,050원만큼만 증가시킨다고 하더라도 손해를 보는 장사는 아닌 것이다. 가령 75번째 시간이 가져온 8,000원이나 55번째 시간이 가져온 9,000원보다는 적지만 그래도 그 이전에 벌어들인 이윤에 적지만 새로운 이윤이 추가되는 것이다.

이 원칙에 따라 고용주는 모든 상황에 대처할 수 있다. 만일 임금이 8,000원이라면 고용주는 74번째 시간까지만 고용할 것이다. 왜냐하면 75번째 시간을 고용하게 되면 단지 8,000원 가치의 생산밖에는 추가하지 못하기 때문이다. 마찬가지로 임금이 9,000원이라면 고용주는 54번째 시간까지만 고용할 것이다. 임금의 수준이 어찌되든 고용주는 한계생산성이 임금과 같거나 또는 아주 조금 높은 상황까지만 계속 고용을 한다.[16] 이런 상황에 따르면 임금이 높을수록 고용은 줄어들게 되는 것이다.

조금씩 조금씩 고용주의 수첩은 숫자로 채워지게 마련이다. 내일 시장에서 나타날 시간당 임금의 다양한 가설에는 그가 이윤을 극대화하기 위해 고용할 임금노동자의 수나 노동시간이 적혀 있을 것이다. 그는 이처럼 손에 **노동의 수요**를 들고 있다. 그러고는 이 밤이 새기 전에 이미 알고 있었던 것 같은 원칙을 확인할 수 있는데, 그것은 임금이 적을수록 더 많은 노동을 고용할 것이라는 점이다. 어쨌든 지금은 왜 그런지를 알고 있다. 그가 지불해야 하는 임금이 적어져야만 고정된 설비의 양에 적용되는 노동의 생산성 감소 문제를 극복할 수 있기 때문이다. 각각의 추가 임금노동자(또는 추가 노동시간)는 생산의 증가에 점점 더 적게 기여하기 때문에 추가 임금노동자에게 노동을 시키는 것이 이윤을 창출하기 위해서는(달리 말해서 비용이 수입을 초과하지 않기 위해서는) 임금이 점점 낮아져야만 한다. 따라서 **노동의 수요**는 임금의 수준에 반비례한다. 이러한 노동의 수요와 임금의 반비례는 단순히 노동의 생산성 감소 **가설**을 반영할 뿐이며,[17] 이 가설은 이윤을 극대화하기 위해서는 임금이 올라갈 때 고용과 생산의 수준이 낮아져야 한다고 보는 것이다.

2
노동시장이 열리면……

일단 노동공급자(임금노동자)와 노동수요자(고용주)들이 각각 무엇을 원하는지 알게 된 다음에 이들은 시장에서 서로 만날 수 있다. 여기서 그들의 요구사항이 서로 부딪치게 되는데, 그 요구사항이란 자세히 정의내려진 자기 이익의 표현이고 그들의 수첩에 명확하게 기록되어 있는 것이다. 한쪽에는 임금 수준에 따라 공급할 노동량을 적은 목록을 가진 노동공급자들이 있고, 다른 한쪽에는 임금 수준에 따라 노동의 수요량을 적은 목록을 가진 노동수요자들이 있다.

물론 시장이 열리는 날에는 고용을 하기 위해 몰려든 고용주 군중이 있고 또한 고용되기 위해 운집해 있는 임금노동자 군중이 있다. 만약 멀리서 이 광경을 본다면 수백 개의 수첩을 들고 있는 수백 명의 고용주들과 수천 개의 수첩을 들고 있는 수천 명의 노동자들이 행동할 만반의 준비를 하고 있는 모습으로 보일 것이다.

전지(全知)한 능력이 있는 어떤 관찰자가 모든 노동의 수요를 한 목록으로 종합하고 또 모든 노동의 공급을 다른 목록으로 총괄한다고 가정해보자. 첫번째 칸에는 선험적으로 가능하다고 생각되는 모든 임금의 수준을 적고, 두번째 칸에는 이 날 시장에서 임금노동자 집단이 각각의 임금 수준에 공급하는 노동시간의 합계를 적을 것이다. 이를 위해서는 개인 공급자의 노동시간을 합하면 된다. 이처럼 관찰자는 **총노동공급**이라 부를 수 있는 목록을 만들게 되는데 이 목록은 여전히 임금 수준과 노동공급을 대비시키며, 단지 차이점이란 노동의 총공급이라는 점일 뿐이다. 또한 이와 마찬가지로 수많은 고용주들이 각각의 임금 수준에 원하는 노동의 수요량을 계산하여 **총노동수요**를 도출해낼 수 있을 것이다. 관찰자는 이 두 개의 종합목록이 결국은 개인의 수첩에 적혀 있는 목록과 아주 비슷한 모양이라는 점을 발견하게 될 것이다. 수요의 면에서는 임금이 높을수록 노동량의 수요가 적어진다. 공급의 면에

시장에서 노동의 공급과 수요		
시간당 임금	시간당 노동공급량	시간당 노동수요량
2,000원	0	100,000
3,000원	20,000	60,000
4,000원	35,000	45,000
5,000원	40,000	40,000
6,000원	43,000	38,000
7,000원	45,000	36,000
8,000원	50,000	30,000

서는 반대인데 임금이 높을수록 공급되는 노동량은 늘어난다(도표를 참고하라). 이를테면 시간당 2,000원에는 아무도 일하려고 하지 않는다는 것을 알 수 있다. 모든 고용주들이 고용할 준비가 되어 있는데도 말이다. 경제학 이론이 항상 황당한 이야기만 하는 것은 아니라고 할 수 있다……

시간당 임금이 2,000원이라면 노동자들은 단 한 시간의 여가도 희생할 수 없다고 생각하는 반면, 고용주들은 엄청난 수의 노동자가 아무리 적은 가치를 추가로 생산해낸다 하더라도 결국은 이윤이 증가한다고 생각하고 있다. 이런 상황에서 양측의 요구 사이에 존재하는 괴리는 상당하다고 하겠다.

하지만 시간당 임금이 3,000원이라면 임금노동자와 고용주의 요구 격차는 줄어든다. 노동자들은 그까짓 여가를 포기하고 몇시간의 노동(합계 20,000시간)으로 소비를 할 수 있다면 괜찮다고 여긴다. 고용주들은 노동의 한계생산성이 높은 단계로 생산계획을 줄이기 시작한다. 그 때문에 노동수요량은 100,000시간에서 60,000시간으로 줄어든다. 다른 극단적인 경우를 보면 높은 임금 수준에서는(예를 들어 시간당 8,000원!) 노동자들이 기꺼이 여가를 포기하고 노동을 풍부하게 공급하는(50,000시간) 반면 고용주들은 노동수요량을 줄이게 된다. 요약해서 말하면 공급자와 수요자의 선호는 상호모순적이라고 하겠다. 노동자는 더 높은 임금을 바라고 고용주는 더 낮은 임금을 원한다…… 이것은 우리 모두가 알고 있는 사실이다. 하지만 이런 방식(매우 '계급투쟁'적인)의 형식화를 통해서만 우리는 이 모순을 발견할 수 있다. 행위자들의 선택은 가격에 관한 것이 아니라 노동량의 수요와 공급에 관련되어 있다. 이렇게 우리의 관찰자는 가격보다는 수요량과 공급량에만 관심을 기울이고 있으며, 노동의 수요량과 공급량이 서로 다른 방향으로 움직인다는 사실에서 양측의 기대를 동시에 충족시킬 수 있는 임금 수준이 필연적으로 존재한다는 결론을 내린다. 우리의 관찰자는 '경제학'을 공부했기 때문에 바로 특정 임금 수준(5,000원)에서 시장의 가격이 결정된다는 것을 알고 있다. 왜 그런가? 이 질문에 대해 우리의 관찰자는 "내가 기억하기에 시장의 가격은 수요와 공급의 '균형점'에서 결정된다고 배웠기 때문"이라고 말할 것이다. 이것은 매우 서툰 표현이라고 할 수 있으며, 어떤 경우에도 하나의 설명이 된다고 볼 수 없다.

다음 설명을 보자. 시장이 열렸을 때 제비뽑기를 해서 가령 3,000원이라는 임금 수준이 나와 그 날의 거래를 이 수준에 맞추어 진행하기로 했다고 가정하자. 어떤 일이 일어날 것인가? 이 가격이라면 고용주는 60,000시간의 노동을 고용하려 할 것이고, 반면에 노동자는 20,000시간의 노동만 공급하려 할 것이다. 노동공급자들(하루 노동시간을 8시간이라고 잡았을 때 풀타임으로 2,500명의 노동자들)이 쉽게 일자리를 찾을 것이라는 것은 의심의 여지가 없다. 그러나 고용주들은 불만이 많다. 이 정도 가격이라면 그보다 훨씬 많은 노동자들을 고용하여 거대한 이윤을 남길 계산을 했었기 때문이다. 고용주의 전부 또는 일부분은 그들의 노동수요에 대해 **배급**을 받아야 하는 입장이다. 이들은 자신이 고용한 노동자들이 경쟁자의 공장으로 가는 것을 방관하지 않을 것이다. 왜냐하면 이 수준의 임금에서는 자신의 공장에 있는 기계를 돌리는 데도 일손이 모자라기 때문이다. 게다가 이렇게 일손을 배급받는 고용주 중에는 더 높은 임금을 주더라도 더 많은 노동자를 채용할 사람들이 있다(예를 들어 4,000원의 임금 수준에서 고용주들은 45,000시간의 노동수요량을 가지고 있다). 따라서 이 사장님들은 소중한 상품을 구하기 위해 더 높은 가격을 부를 것이다.

이들이 4,000원을 부른다고 가정해보자. 이런 경매는 두 가지 결과를 낳는다. 첫째, 시간당 3,000원에 계약했던 노동자들은 그들의 구두쇠 고용주를 버리고 다시 노동시장에 등장하게 되며, 이로써 20,000시간의 노동이 다시 시장으로 돌아오게 된다. 둘째, 그들 외에도 이 새로운 임금 수준에서라면 일을 하겠다는 새로운 노동자들이 생겨난다(추가로 15,000시간의 노동공급량이 발생하므로). 이들은 이 가격이라면 여가를 포기하고 일을 하겠다고 결정한 것이다. 결국 노동의 공급은 총 35,000시간이 된다. 하지만 이 새로운 가격이라면 고용주들은 45,000시간을 고용하려 한다. 따라서 전보다는 덜하지만 여전히 배급을 받아야 하는 고용주들이 생겨난다. 여기서 수요와 공급의 차이는 10,000시간으로 줄어들었다.

그럼에도 불구하고 배급을 받아야 하는 고용주들은 가격을 좀더 높여 부르게 된다. 왜냐하면 시간당 5,000원을 주더라도 아직 이윤을 창출할 수 있는 노동시간은 40,000시간에 달하기 때문이다. 실제로 이는 4,000원에 고용한 노동시간(35,000시간)보다 많다. 이번에는 노동자들이 다른 경쟁 고용주와 계약을 맺은 다음에 새로운 제안을 할 만큼 여유가 있는 것도 아니다. 이제는 아예 즉흥적으로 5,000원을 주겠다는 제안이 늘어난다!

그러면 이 가격에서는 어떤 특별한 현상이 일어나는가? 기존의 4,000원에 일할 준비가 되어 있었던 35,000시간의 노동이 5,000원에도 계속 유지되는 것은 물론 여가를 포기하는 새로운 현상으로 5,000시간이 더해진다. 즉 노동공급량이 총 40,000시간에 도달하는 것이다. 결국 이 가격에서 공급량과 수요량이 같아진다. **이 가격**에 고용되고자 하는 노동자(풀타임으로 5,000명)는 모두 일자리를 찾게 되며, **이 가격**에 노동을 고용하고자 하는 고용주들도 그들이 원하는 만큼의 노동량을 얻게 된다.

사업가들간의 경쟁(배급을 받아야 하는 사업가들이 주도한)이 점진적으로 시장의 가격을 수요와 공급의 **균형점**으로 이끌었던 것이다.

하지만 이 상황이 지속된다고 말할 수 있는가? 임금이 5,000원 이상으로 올라갈 수는 없단 말인가? 경제학자는 이런 상황이 벌어질 가능성이 매우 낮다고 말할 것이다. 가격이 올라가게 되면 고용주들은 욕심을 줄여 고용을 38,000시간으로 줄일 것이고, 게을렀던 노동자들은 기꺼이 일을 하겠다고 시장에 나올 것이다. 따라서 노동공급량은 43,000시간으로 늘어나게 된다. 이렇게 노동수요에 비해 과다한 노동공급이 일어나게 될 것이다. 이번에는 노동자들이 일을 배급받는 입장이다. 일부 노동자들이 일자리를 구하지 못해서 상황은 불안정해질 것이다. 왜냐하면 노동자 중에는 6,000원 이하라도 일을 하겠다는 사람들이 생겨날 것이기 때문이다. 실제로 우리는 5,000원에는 40,000시간의 노동공급(이것은 6,000원에 고용된 노동시간보다 많은 것이다)이 제공될 것이라는 점을 알고 있다. 결과적으로 이는 일자리를 찾지 못한 노동자들은 더 적은 임금이라도 수락할 것이라는 말이다. 이들은 좀더 싼 가격에 자신의 용역을 제공할 것이 틀림없으며 이로써 임금은 아래로 끌어내려질 것이다. 단 **한 명의 노동자**라도 일자리를 찾지 못하고 기존 임금보다 낮은 가격으로 일하려고 한다면 임금은 계속 하락할 것이다. 달리 말해서 노동공급자 중에 일을 얻지 못하는 사람이 더이상 없고, 가격으로 동료들과 경쟁하려는 노동자가 더이상 없을 때 임금 하락은 중단될 것이다. 우리의 사례에서 그 임금은 5,000원이다. 이 임금 수준에 일하려는 자들이 실제로 고용되었을 때 임금이 하락할 이유는 사라지고 이 수준은 유지되는 것이다.

요약해서 말하면 "왜 임금은 수요와 공급의 **균형점**에서 결정되는가?"(임금을 비롯한 다른 모든 가격도 마찬가지다)라는 질문에 대해 경제학자는 "그것이 바로 균형가격이기 때문이다"라고 대답한다. 여기서 균형은 추상적인 의미의 균형이 아니다. 균형가격이 아닐 경우에는 그 가격으로 향해 가는 경향이 있고 그 균형에 도달하면 유지가 된다는 의미이다. 따라서 만일 임금이 이 균형에서 멀어지게 되면 임금 수준을 그 균형점으로 이끄는 '힘'이 있다고 할 수 있다. 이러한 힘은 자연의 힘이 아니라 **경쟁**의 힘이다.

이 모든 것의 교훈은 무엇인가? 적어도 이데올로기적인 측면에서 그 영향력은 천문학적으로 대단해서 계산할 수조차 없다. 적어도 고용과 관련해서 자유주의나 자유방임주의의 '이론적' 기초는 다른 곳에 없다. 시장이 '즉각적'으로 지향하는 균형가격이란 도대체 무엇인가? 그것은 다름 아닌 **완전고**

용을 보장하는 가격이다. 시장이 작동하도록 그대로 내버려둔 다면, 달리 말해서 개인들이 자신이 원하는 가격에 자유롭게 계약하도록 내버려둔다면, 그리고 자유롭게 경쟁하도록 내버려둔다면 **완전고용**은 즉각적으로 생겨날 것이다.

우리는 이 완전고용이라는 것이 매우 정확한 의미를 가지고 있다는 사실에 주목해야 한다. 그것은 모든 임금노동자가 일한다는 것을 의미하지 않는다. 그 의미는 **이 가격에 일하기를 원하는** 모든 노동자가 일한다는 것을 말한다. 달리 표현하면 이 가격에 일하기를 원치 않는 사람들은 실업자로 인정되지 않는다는 것이다. 이는 매우 당연한 일인데, 왜냐하면 이 가격에 그들은 여가를 선호하기 때문이다. 그들은 노동의 댓가가 추가로 얻는 한 시간의 여가에 미치지 못한다고 생각하며, 임금이 올라가야만 여가의 포기를 고려해볼 수 있다고 생각한다. 따라서 노동하지 않는 그들의 시간은 자유롭게 선택한 여가이지 실업은 아니다…… 정확하게 말해서 이 게으름뱅이들을 실업자라고 불러서는 안된다. 물론 신고전주의 이론가가 즐겨 사용하는 달콤한 모순적 미사여구에 의하면 그들은 **자발적 실업자**[18]라고 불리지만 말이다.

앞에서 언급한 완전고용은 또다른 굉장한 의미를 지니고 있다. 경제학자들의 표현을 빌리자면 그것은 **최적** 상황이다. 도 대체 이것이 무슨 뜻인가? 정확하게 말하면 이것은 고용주와 노동자의 운명을 동시에 개선할 수 있는 임금과 고용의 다른 수준은 존재할 수 없으며, 결국 이와 다른 상황은 상상할 수도 없다는 것을 의미한다. 달리 말해서 이는 균형에서 벗어나는 임금-고용 상황을 상상하는 새로운 조물주(구체적으로 공산 당이나 사회당 정부를 의미한다)가 있다면, 그가 이 상황과 균형 상황을 비교해보았을 때 균형에서 벗어나는 임금-고용 상황은 필연적으로 한 당사자나 때로는 양측 모두의 복지를 감소시킨다는 말이다.

이를 좀더 자세히 살펴보면, 우선 더 높은 임금 수준에서는 고용주와 노동자의 상황을 동시에 개선할 수 있는 새로운 임금-고용 수준이 불가능하다. 왜냐하면 어떤 고용량을 가지고 계산하든 균형임금보다 높은 새로운 임금 수준을 고용자에게 적용한다면 이윤이 줄어들 것이기 때문이다. 이것은 자명한 이치다. 하지만 임의적으로 결정한 이 새로운 고용 수준을 균형임금으로 유지한다고 하더라도 고용주들은 균형상태에서 보다는 적은 이윤을 챙기게 된다. 왜냐하면 고용주들이 특정 임금 수준에서 자기들의 이윤을 극대화할 수 있는 고용 수준으로 **선택**한 것이 균형점이기 때문이다. 따라서 어떤 고용 수준을 결정하든 균형점보다 더 많은 임금을 지불한다면 고용주들은 균형 상황에 비해서는 손해를 볼 수밖에 없다.

반대로 임금이 균형점보다 낮은 수준에 있다면 이번에는 노동자들이 손해를 보게 된다. 이것은 고용 수준이 어떻게 결정되든지 마찬가지이다. 더 낮은 임금이란 노동을 제공한 매 시간으로 벌 수 있는 소비량이 줄어든다는 것을 의미한다. 달리 말하면 고용 수준이 어떻든 이 새로운 임금 수준에서 노동자들의 만족도는 균형점에서 얻을 수 있는 만족도보다 작다는 것이다. 이 역시 자명한 이치다. 게다가 다른 고용 수준에서는 균형임금을 적용해도 노동자들의 만족도가 줄어드는데, 그 이유는 균형임금에서의 고용 수준이 최대한의 만족을 주기 때문이다.

균형점에서 이탈하는 임금 수준은 적어도 양측의 한 당사자에게는 불만족스럽다. 그렇다면 균형임금에서 다른 고용 수준은 가능할 것인가? 이 가능성은 빨리 제외될 수밖에 없는데 그 이유는 균형점에서의 노동시간과 고용 수준이 기업의 이윤과 노동자의 효용을 극대화하기 때문이다. 결국 다른 수준의 고용은 양측의 상황을 모두 악화시킬 것이다.

따라서 균형점의 임금과 고용 수준만이 최적의 상황을 제공한다고 볼 수 있다. 얼싸안고 춤이라도 추어야겠다. 이 얼마나 완벽한 세상인가? 시장이 최적의 노동량과 임금을 결정하는 기적을 이루고 있으니 말이다. 만일 이러한 균형 '상황'을 변화시키면 최소한 한 사람이라도 반대하게 될 것이다. 또한 상상 가능한 그 어떤 노동시간에서 출발하더라도 40,000시간의 노동량을 결정하는 안(案)은 사회 전체에서 만장일치로 찬성 받았을 것이다. 아니 적어도 반대표는 없었을 것이다. 우리는 다시 한번 얼싸안고 춤을 취야 한다. 더이상 투표하러 갈 필요도 없지 않은가? 시장이 **민중의 목소리**를 즉각적으로 내고 있으니 말이다.

경제학의 이러한 과학적 증명이 사람들의 자유로운 사고를 얼마나 짓누르고 있는지 강조할 필요가 있을까? 거듭 말하지만 고용 부문에서 경제적 자유주의는 그 어떤 다른 기초도 가지고 있지 못하다. 모든 것이 앞에서 설명한 부분에 있다. 이 대단한 지적 건축물에는 모든 자유주의자들의 신앙과 정신적 에너지가 담겨 있으며, 이는 우연하게(가족이나 친구의 영향으로, 야심 때문에, 또는 국가에 대한 **선험적** 부정 때문에) 자유주의자가 된 모든 사람들이 자신의 확신을 강화하기 위해 언젠가는 들여다보게 되는 성경의 역할을 하고 있다. 비참한 빈곤의 모습이 시장의 실패를 보여줘서 자유주의의 지적 횃불이 흔들릴 때마다 이와같은 유일한 빛의 보루에서 에너지와 힘을 얻게 되는 것이다. 완전고용은 최적이고 시장은 완전고용을 창출하니까, 시장이 작동하도록 내버려두자. 만일 시장이 존재하지 않는다면 시장을 창조하자!

이만큼 설명했으니 이런 이론적 관점에서는 실업에 대한 설명이 어떤 모습을 띠고 있을지 즉각 이해할지도 모르겠다. 시장이 즉각적으로 완전고용을 창출한다면 실업은 시장에 문제가 있어 발생하는 것이 아니란 말인가? 물론 시장 자체에 문제가 있다는 것이 아니라 누군가가 시장의 작동을 방해하는데 문제가 있다는 말이다. 뒤에서 살펴보겠지만 이론가들이 이 '누군가'에게 다양한 마스크를 씌우기 위해 온갖 노력을 다하고 있지만 결국 어쩔 수 없이 항상 지목하는 것은 바로 임금노동자의 마스크를 쓴 사람이다…… 시장을 방해하는 그 진짜 '누군가'가 임금노동자라는 말이다.

실업에 관한 이론을 살펴보기에 앞서 여기서 제시한 명제의 깊이에 대해 몇가지 덧붙이면서 이 장을 마치려고 한다. 자유주의 사상은 앞의 명제에 기초하고 있으며, '시장의 법칙'을 노래하는 웅변대회에서 자신에게 스스로 우수상을 부여하는 자들은 모두 이 명제에 기대고 있다.

첫째, 우리가 제기해야만 하는 좋은 질문은 과연 위와같은 노동시장이 존재하는가이다. 특히 완전고용을 즉각적으로 만들어내는 임무를 시장에 맡기기 위해서는 이 질문이 매우 중요하다. 이러한 시장이 존재하거나 만들어지기 위해서 얼마나 황당한 조건들이 동시에 충족되어야 하는지 다시 한번 살펴보기를 독자들에게 권고한다…… 이렇게 살펴보는 것만으로도 시장의 존재 여부에 대한 이런 질문의 답을 찾을 수 있을 것이다.[19] 이론가들은 시장을 변호하기 위해 학문을 한다는 것은 단순화, 추상화, 가설 등을 통해서만 가능하다고 변명할 것이다. 좋다. 우리는 항상 '마치 ~처럼'이라는 태도로 임해야 할지도 모른다. 하지만 '마치 ~처럼'을 너무 많이 하다보면 현실이 '전혀 그렇지 않다'는 것을 발견하게 되지 않는가? 실증적 적절성을 전혀 갖지 못한 이 훌륭한 지적 건축물은 하나의 철학일 뿐이며, 일부 사람들이 세상에 강요하려고 하는 실천적 신화에 불과하다. 우리는 바로 이 사실을 지적하고 싶을 뿐인데…… 그 옹호자들은 이런 분석을 가장 지독한 비난으로 생각한다.

설사 '노동시장'이 앞에서 보여준 매우 추상적인 방식으로 축소될 수 있다고 가정하더라도 과연 노동과 고용, 그리고 실업의 문제를 단순히 노동시장에서 일어나는 일들만을 가지고 취급할 수 있는가라는 문제가 제기된다. 경제에 대해 아무것도 모르는 사람일지라도 경제에서는 모든 것이 '상호의존적'이며, 바로 그렇기 때문에 경제가 그토록 복잡하다는 것은 알고 있다. 달리 말해서 노동시장에서 문제가 일어나더라도 즉각적으로 균형점으로 되돌아올 것이라고 말하기는 쉽지만, 만일 재화나 용역시장 또는 금융시장 같은 다른 시장에서 문제가 일어나면 이 때문에 균형으로의 복귀가 어려워질 수 있고, 좀더 심각하게는 노동시장의 불균형이 다른 시장을 불안하게 할 수도 있는데, 그럴 경우에는 결국 그 어느 것도 확실한 상황이 아닌 것이다.

노동시장이 균형점을 찾아가는 동안 경제체계의 전체적이고 자동적인 조정능력의 여부야말로 경제학자들 사이에 가장 커다란 균열을 초래하고 있는 주제이다. 이 균열을 축소(제거, 부정, 거부, 포기)하려는 현대 경제사상의 모든 시도에도 불구하고 체계의 효과에 대해서는 두 가지 다른 시각이 구조적으로 존재한다. 신고전주의 경제학자들은[20] 아무런 문제가 없다고 보고 있다. 그들은 노동시장이 자유롭게 조절하는 동안에는 경제의 다른 시장들은 장애물로 작용하지 않으며, 좀더 체계적인 시각에서는 노동시장의 조정이 모든 시장의 전체적인 조정을 가져온다고 본다. 달리 말해서 노동시장에서 일어나는 일들에 대해서만 관심을 가지고 이 축소된 모델을 통해서만 고용에 대한 논의를 해나갈 수 있다는 것이다. 반대로 케인즈주의자들은[21] '노동시장'이 불균형상태에 있더라도 다른 시장들은 균형을 가질 수 있다고 주장한다. 그리고 만일 노동시장에서 재조정이 일어날 경우(이를테면 실업이 발생할 경우 명목임금의 하락과 같은), 경제의 다른 부문의 균형상태가 이런 재조정에 장애가 되지 말란 보장은 없다는 것이다…… 그렇게 되면 노동시장의 상황은 개선되지 못한다. 달리 말하면 경제의 다른 부문에서 진행되는 일들이 '노동시장'에 강요나 제약을 가한다는 것이고, 노동시장의 행위자들이 재조정을 위해 노력한다고 할지라도 재조정에 장애가 되는 다른 퍼즐의 조각들은 제거하지 못한다는 것이다.

마지막으로 한가지 중요한 지적이 있다. 신고전주의자들이 믿고 있는 경제체계의 전체적인 재조정 경향은 현재까지 순수한 신앙의 단계에 있을 뿐이다. 신고전주의 이론 내부의 가장 근본적인 단계에서 보더라도 시장체계의 자율적 조정능력 (불균형상태에서 출발하는)의 여부에 대한 증명은 아직까지 만족할 만한 조건에서 이뤄지지 못했다. 오히려 그 반대의 경우가 더 많이 나타났다. 어떤 경제가 특정한 가격체계(모든 시장에서의 불균형을 초래하는)에서 출발하여 일반적인 균형 상태로 **수렴**(이는 노동시장을 포함한 모든 시장에서 수요와 공급의 균형이 일반적인 균형상태에서 이뤄진다는 것을 말한다)되기 위해서는 공급과 수요의 곡선 형태에 대한 매우 특별한 조건이 형성되어야 한다. 하지만 이런 조건들이 우리가 앞에서 살펴본 것처럼 합리적 행위자에 대한 신고전주의자들의 생각에서 비롯될 이유는 하나도 없다. 이것은 무척이나 곤란한 일이다. 합리적인 경제 행위자(순전히 계산적이고 상업적인)만 가지고는 시장의 법칙을 도출해낼 수 없기 때문이다. 시장의 법칙은 상업적 행태에서 비롯되지 않는다! 실제로 이것이야말로 신중한 신고전주의 경제학자들이[22] 증명한 사실이다. 우리는 최소한 하나의 일반적 균형이 **존재**한다는 것을 알고 있지만(적어도 원칙적으로는) 경쟁이 이런 균형에 도달하게 한다는 보장은 없다. 이런 사실은 자유주의자나 신자유주의자 그리고 '시장의 법칙'이라는 노래를 쉴새없이 불러대

노동시장이 열리면……

는 각종 떠벌이들에게 양심의 가책(그들이 가책을 느낄 경우)으로 인한 부스럼을 만들어줄 뿐이다. 최소한 그들의 믿음이 흔들려야 한다. 사실 신자들에게 천국이 존재하기는 하지만 그 열쇠를 잃어버렸다고 한다면 어떻게 반응할까? 참으로 지저분한 이야기가 되는 것이 아닌가……

그러나 그리 걱정할 필요는 없을 것 같다. 자유주의의 이론적 기초와 관련된 이러한 중요한 한계에도 불구하고 사람들은 마치 시장의 법칙이 잘 돌아가는 것처럼 생각하고 말하고 행동하고 있으니 말이다. 아무도 이런 한계를 인식하지 못하는 것인데, 특히 경제학자들이 그렇다. 그들은 훌륭한 경제학자가 되기 위해서는 반드시 외워야 하는 쏘넨쉐인(H. Sonnenschein)의 정리*를 배웠을 텐데도 말이다. 하지만 경제학은 계속해야 하고 어쨌든 먹고살아야 하니까, 이런 것들은 모두 잊어버리자라고 생각하나보다.

---

*1970년대 초반 경제학자 쏘넨쉐인이 증명한 정리에 따르면 효용을 극대화하는 개인의 수요 기능이 명확하다고 하더라도 시장의 수요 기능은 명확하지 못한 혼란스런 형태일 수도 있다. 사실 이는 지난 100여년 동안 미시 경제학의 기초가 되었으며, 효용의 극대화를 추구하는 행위자 집합으로서 수요를 이해해왔던 것을 붕괴시키는 역할을 수행했다.

3
최저임금제를 철폐하라?

만일 노동시장이 아무런 장애 없이 기능한다면 완전고용은 즉각적으로 보장될 것이다. 이것이야말로 모든 실업이론의 출발점이다. 실업을 이해하기 위해서는 위의 첫번째 명제를 거꾸로 생각하기만 하면 된다. 실업이 존재한다는 것은 노동시장의 기능에 장애가 있다는 뜻이다. 남은 일은 최종적인 분석에서 책임이 있는 자로 등장하는 임금노동자들을 자연스럽게 지적하면서 시장의 장애를 일으키는 수만 가지의 이유를 찾아내는 것이다.

어떤 시장이든 시장의 조화로운 기능에 가장 명백한 장애를 일으키는 것은 가격을 강요하는 규제의 존재나 가격의 상·하한선을 정하는 것이다. '모두가 잘 알고 있듯이' 곡식의 가격을 지원하면 생산량, 즉 공급량이 수요량을 크게 초과하게 된다. 하한가가 있다면 농민들은 대량생산할 동기를 갖게 되고 구매자들은 다른 상품을 찾아 나서게 된다. 왜 굳이 노동에 다른 원칙을 적용하려고 하는가? 시간당 최저임금을 강요하는 노동가격의 규제는 바로 임금의 하한선을 결정하는 것이고, 따라서 이 임금 수준 아래에서는 행위자들이 계약을 맺는 것이 금지되어 있다. 이런 상황에서 노동시장이 제대로 돌아가지 않는 것은 당연한 일이 아닌가? 이 최저임금이 시장의 균형가격보다 높은 수준에서 책정되면(2장의 사례를 다시 인용하자면 5,000원 이상으로 책정되면) 노동의 공급은 필연적으로 수요를 초과할 것이다. 노동자들은 여가를 포기하게 되며, 기업은 노동의 한계생산성이 이 임금 수준보다 높은 범위에서 생산을 제한할 수밖에 없을 것이다. 아직 검토하지 않은 논지에 따르면 장기적으로 기업은 기술적 선택을 하게 되는데, 이러한 선택을 재조정해야만 하는 더욱 심각한 상황이 벌어질 수도 있다. 이는 기업이 노동력을 사용하는 것보다 기계를 더 많이 사용하는 방향으로 기술적 선택을 재조정하는 것을 의미한다. 따라서 최저임금제와 같은 제도는 근본적으로 잘

못되었다. 최저임금제는 숙련되지 못한 개인들의 임금을 인위적으로 높게 책정함으로써 **이 임금 수준**에 일하려는 노동자의 수와 **이 임금 수준**에 이윤을 남길 수 있는 고용의 숫자 사이에 괴리를 초래한다. 간단히 말해서 인정많고 순진한 영혼을 가진 사람들이 가장 가난한 노동자들의 구매력을 보호하기 위해 만든 최저임금제는 결국 실업을 발생시켜서 보호하려 했던 사람들에게 피해를 주는 결과를 낳게 된다. 다행히도 이런 비극에 대해 모든 경제학자가 연민의 정을 가지고 있지 않은가? 그들이 아니면 누가 이런 일을 하겠는가? 가난한 자들은 이 사실을 언제서야 이해할 것인가? 쌔뮤얼슨(P. Samuelson)은 매우 친절하게도 다음과 같은 교육적 표현을 사용하고 있다. "미국의 젊은 흑인이 고용주가 자신에게 시간당 1.6달러를 지불해야 한다는 사실을 아는 것이 무슨 소용이 있겠는가? 당연히 자신의 몫이라고 생각하는 이 임금 때문에 그가 취직을 할 수 없다면 말이다." [23]

비숙련 노동자의 실업을 해결하려면 최저임금제를 철폐하기만 하면 되는 것 아닌가? 실제로 경제협력개발기구(OECD)는 쉴새없이 이런 권고를 해대고 있으며, [24] 프랑스에서는 발라뒤르(E. Balladur) 정부가 이 권고를 받아들여 그대로 실행

할 뻔했다. 발라뒤르 정부는 '직업훈련계약'이라는 제도를 추진했는데, 이는 젊은이들에게 최저임금보다 더 낮은 임금을 지불하기 위한 전략에 불과했다.* 불행히도 해당 젊은이들은 스스로 이 제도를 거부했다. 사람들이 싫다는데도 그들의 행복을 위해 노력해야 하는가? 특히 필연적으로 최저임금보다 낮은 생산성을 가지고 있다고 생각되는 젊은이들과 노인들의 행복을 위해 노력해야 하는가? "고용주로 하여금 최저임금을 지불하게 하는 것은 숙련공과 비숙련공 사이에 존재하는 이윤의 차이를 없애버려서 최저임금보다 낮은 생산성을 가지고 있는 사람들을 실업자로 만든다. 그것은 젊은이나 노인에게 적용된다." [25]

그렇다면 최저임금제와 같은 바보 같은 제도를 지지하는 사람들은 도대체 누구란 말인가? 이러한 실수를 저지른 책임자들은 도대체 어디에 있단 말인가? 그것은 모든 것을 통제하려고 하는 국가인가, 아니면 관료들인가? 또는 선거의 압력에 밀려 어느날 갑자기 법안을 통과시켜버리는 국회의원들인가? 상당히 그럴듯한 분석이다. 하지만 국가나 입법부는 최종

---

* 발라뒤르 정부는 1993~95년에 집권한 우파 정부인데, 최저임금제를 철폐하기에는 너무나 커다란 사회적·정치적 부담이 있었기 때문에 '직업훈련계약'이라는 새로운 제도를 만들어 최저임금제의 예외조항을 도입하였다.

적으로 임금노동자나 유권자의 도구일 뿐이며, 이들은 노동시장에서 자신에게 유리한 정치·경제적 역학관계를 만드는 데 성공한 것이다. 논리적으로 생각해보면 노동시장의 기능을 방해하는 요인은 무엇보다도 노동시장에서 찾아야 하는 것이 아닌가? 실제로 최저임금제는 임금노동자들이 시장의 법칙에서 벗어나는 데 성공했기 때문에 만들어진 제도이다. 임금노동자들은 경쟁의 법칙을 무시하고 서로 연합하는 좋지 못한 경향을 보이고 있다. 자기들간의 협약을 통해 노동시장에서 독점적 권력을 구축하는 것이다. 임금노동자들은 한명씩 고용되기 위해 노동시장에 나서는 것이 아니라 연합을 형성하여(노동조합) 가격의 수준에 영향을 미치려고 한다. 그것은 마치 석유수출국기구(OPEC)의 카르텔이 석유 공급을 독점하여 가격인하를 막으려는 것과 같은 이치이다. 어떻게 보면 최저임금제는 이러한 노동조합의 권력을 합법적으로 인정한 것이다.

그렇다면 노동조합은 그렇게 머리가 나쁜 것일까? 알랭 맹끄가 통찰력있게 지적하듯이 "집단이기주의와 비겁함의 연합은 부당한 현실을 만들어내는 유일한 등식을 뻔뻔하게 은폐하고 있다. 그 등식이란 일부가 차지하는 과다한 임금이 다른 사람들의 실업을 초래한다는 사실"[26]인데 그들은 이를 보지 못하는 것일까? 사실은 그것이 아니다. 노동조합은 머리가 나쁘지 않다. 오히려 너무나 좋다고 하겠다. 노동조합은 완벽하게 합리적이고 완전한 정보를 가지고 있다. 노동조합은 연합한 회원들이 가지고 있는 합리성의 명백한 표현일 뿐이다. 이 꾀돌이 회원들은 기업의 노동 수요 형태를 정확하게 알고 있다. 조합원들은 노동가격을 올리면 실업이 초래될 거라는 사실을 잘 알고 있다. 그들은 합리적이기 때문에 신고전주의의 실업이론을 그대로 받아들인다. 그러나 그들은 이런 현실에도 불구하고 최저임금을 추진할 필요가 있다고 생각한다. 왜 그럴까? 그 이유는 단순하게도 노동자 전체에게 주어지는 임금의 합계가 늘어나기 때문이다……

경제학자와 마찬가지로 노동조합의 책임자 입장에서 논리를 전개해보자. 그는 노동시장의 균형점에서는 모든 조합원이 고용될 수 있지만 이때 조합원에게 지급되는 임금은 정말 너무 적다고 생각한다(균형점의 임금은 '정말 쥐꼬리만하다'). 이 책임자는 다음과 같은 의문을 갖게 된다. 우리가 만일 독점적 권력을 이용하여 10% 임금 인상을 획득한다면 과연 고용주의 노동수요, 즉 고용량은 얼마나 줄어들까? 이는 매우 핵심적인 질문이다. 그 답이 만일 5%라고 가정하자(그는 완벽한 정보를 가지고 있다). 과연 그럴 필요가 있을까? 답은 당연히 그래야 한다는 것이다. 제대로 계산하면 임금이 10% 늘어나는 대신 노동수요의 법칙에 따라 5%의 실업자가 발생할 것이다. 하지만 나머지 95%의 노동자는 10%의 임금 인상을 누릴 수 있다. 결론적으로 조합원의 전체 소득은 **대략** 5% 정도 늘어날 것이다. 바로 이것이다! 이런 결과는 모두를 만족시킬 수 있는 것이다. 실업자 조합원까지 포함해서 말이다. 우리는 하나의 금고를 만들어(이 금고는 ASSEDIC이라고 이름 붙일 것이다*) 고용되어 있는 조합원의 임금 인상분 일부를 저축할 것이다. 그리고 이 금고에서 실업자들에게 수당을 지급할 것이다. 예를 들어 10%의 인상분에서 4%는 고용을 유지한 조합원에게 주고 나머지 6%를 모아 5%의 실업자들에게 지불하는데, 이들은 사실 일할 때보다 더 높은 소득을 얻게 된다! 이는 아주 당연한 것으로, 전체 임금 액수가 늘어나면 실업자를 포함한 모두에게 과거보다는 많은 소득을 나눠줄 수 있다. 얼마나 훌륭한 정치적 수완인가! 다음에 노동조합장으로 재선출되는 데는 아무런 문제가 없을 것이다.

*ASSEDIC은 프랑스 고용보험을 관리하는 기관이다.

그런데 왜 임금 인상을 10%로 제한하는 것일까? 실질적으로 1%의 추가 임금 인상이 고용의 수준을 1% 이하로 줄일 때만 이 전략은 유효하다. 이렇게 해야만 전체적인 임금 액수가 늘어나며 실업자의 수당을 포함한 모든 조합원의 임금을 증가시킬 수 있는 것이다. 달리 말해서 제대로 전략을 추진하자면 임금의 인상분(%로 계산해서)과 고용의 감소분(%로 계산해서)이 같아질 때까지 임금 인상을 밀어붙여야 한다. 독점세력은 정확하게 바로 이 순간에 최대한의 수혜를 누리는 것이다. 달리 말해서 이는 **수요의 탄력성**[27]이 1에 달했을 때이다. 노조라는 독점세력은 바로 이 가격에 노동을 팔아야 하는 것이다.[28]

이것이야말로 가장 간단한 계산이 아닌가? 그러나 화폐를 통한 평가는 대략적인 계산만을 가능하게 해준다. 이러한 논의를 더 세밀하게 진행할 필요가 있다. 화폐가 아니라 복지라는 차원에서 계산을 해보면 조금 더 밀어붙일 수 있는 공간이 있다. 왜냐하면 이론적으로 실업자 조합원들은 게으르게 지내면서까지 일할 때만큼 많은 소득을 요구하지는 않을 것이기 때문이다. 노동자들은 여가를 즐기는 것을 좋아하므로 우리는 이들이 39시간의 여가*를 즐기게 되면 약간의 소득 감소를 기꺼이 받아들일 것이라고 예상할 수 있다. 그만큼 노동조합에는 행동의 여유가 생기는 것이다.

요약해서 말하면 신고전주의자들이 보는 노동조합은 완전고용을 실현하기 위해서 존재하는 것이 아니라 최적의 실업률을 계산하기 위해서 존재하는 것이다. 여기서 최적의 실업률이란 임금 소득 전체의 액수와 노동계급의 복지를 극대화하는 실업률이다. 완전고용이란 부르주아의 목표이다. 왜냐하면 완전고용과 부르주아의 이익이 합치되기 때문이다. 완전고용이 이루어져야 생산이 많아지고 노동의 한계생산성이 낮아지며, 따라서 '사업가'들이 더 많은 이윤을 남길 수 있는 것이다.

우리는 이런 종류의 이론이 가지고 있는 '철학적' 목표를 빨리 간파할 수 있다. 실업은 노동자와 노동조합의 의도적인 행동의 결과이며, 따라서 불만이 있는 자들은 자신의 책임을 깊이 느껴야 한다는 것이다. 그런데 바로 여기에 자유주의 담론의 문제가 있다. 이것이야말로 정신분열증에 가까운 심각한 상태인데, 논리적 사고에서 조금만 벗어나도 이런 증상을

*프랑스의 법정 노동시간은 1981년에 39시간이었는데, 1990년대 후반에는 35시간으로 줄었다.

보이게 된다. 왜냐하면 이렇게 만들어진 실업이란 **자발적 실업**이며, 이는 당사자들이 스스로 인정하고 의도적으로 만들어 낸 실업이기 때문이다. 그렇다면 연민의 정에 사로잡힌 자유주의자가 이렇게 복지를 누리고 있는 서민들의 상황에 대해 심각하게 생각하는 이유는 무엇일까? 자유주의적 이상에 기초를 제공하는 유일한 이론에 따르면, 경제활동 인구의 86%를 차지하는 임금노동자들은 자신의 상황에 대해 만족하고 있는데 왜 자유주의자들은 최저임금제를 철폐하여 완전고용을 이루려고 저토록 애를 쓰는 것일까? 왜 노동자들을 불행에서 벗어나게 해주려고 하는가? 사실 그것은 불행이 아니라고 방금 말하지 않았는가? 왜 자유주의자들은 이미 행복해하고 있는 실업자들에게 선을 베풀려고 하는 것일까? 자유주의라는 것이 자본가계급의 경호견이 되려는 정치적 계획이 아니라면(물론 이럴 경우 완전고용이 이뤄져야만 최대한의 이윤을 확보할 수 있기 때문에 자유주의의 관심을 이해할 수는 있다) 이것은 매우 신비한 현상이다……

우리가 항상 그래왔듯이 이런 종류의 지적 곡예에 대해서는 그냥 지나치도록 하자. 그리고 완전고용을 위한 최저임금의 인하 또는 철폐 문제를 다시 살펴보자.

의심의 여지없이 최저임금의 철폐는 반드시 완전고용을 창출하는 미덕을 발휘할 것이다. 만일 가장 비숙련된 노동자 집단의 임금이 자유롭게 **변하**도록 내버려둔다면 임금은 상당히 급격한 폭락 끝에 어느 수준에선가 멈춰서서 시장을 깨끗하게 정리할 것이다. 나는 한달에 10만원 정도라면 수요와 공급의 법칙이 기적을 일으키리라는 것을 의심치 않는다. 이 가격이라면 사업가들은 비숙련 노동자의 고용을 분명히 늘릴 것이기 때문이다. 가령 이들은 사장님이 회사에 도착하면 주차를 시킬 수 있을 것이고 그것은 이윤 창출에도 도움이 될 것이다. 어느 정도의 수준 밑으로 임금이 내려가면 노동의 수요가 발생하기 시작할 것이다. 하지만 공급의 측면에서도 일정한 조정이 이뤄질 것이다. 여기서는 당연히 신고전주의자가 즐겨 사용하는 우화를 소개해야 한다. 최저임금이 100만원일 때 노동조합의 독점권이 제공하는 이익의 일부분을 받으면서 풍요롭게 생활하던 노동자들은 임금이 10만원으로 내려가면 집으로 돌아가 화초나 키울 것이다. 리카도(D. Ricardo)와 맬서스(T. R. Malthus)의 주장은 이보다 더 확실하다. 공급의 감소는 무조건적으로 초과 노동자의 제거로 이어질 것이다. "노동자의 수는 필요한 노동량에 비해 상대적으로 더 많이 늘어났기 때문에 노동의 가격은 떨어질 수밖에 없다. … 이 불행한 기간 동안 가족이 있다는 현실적인 걱정거리가 크게 증폭되어 사람들은 결혼을 기피할 것이고, 결국 인구는 증가를 멈추고 정체하게 될 것이다." [29]

따라서 어떤 조건에서는 신고전주의 이론이 현실화될 수밖에 없다. 하지만 지적인 정직함이 있다면 어떤 임금 수준에서 이런 이론이 현실화될 수 있는지를 밝혀야만 한다(이런 작업이 가능하다면 말이다). 왜냐하면 비숙련 노동자의 임금 유연성을 막고 있는 요소들을[30] 제거할 경우 임금이 즉각적으로 폭락할 가능성이 가장 높기 때문이다. 물론 그 이유는 정통 이론이 말하는 것과 다르지만 말이다. 다시 현실을 제대로 분석하면 최저임금제는 실업의 원인이 아니라, 실업의 가장 비참한 결과를 제한하는 구원의 방파제인 것이다.

우선은 자유주의 담론의 기초가 되는 이론의 시발점에서부터 살펴보자. 사람들은 최저임금을 받는 자들이 가장 낮은 (한계)생산성을 가지고 있다고 말한다. 이러한 노동자들의 일부가 실업상태에 있는 이유는 최저임금이 같은 직종의 비숙련 노동자의 완전고용에 해당하는 (한계)생산성보다 높기 때문이라고 한다. 만일 사업가들이 합리적이라면 비숙련 노동자들의 (한계)생산성이 최저임금보다 떨어지는 순간 이들의 채용을 중단했을 것이다. 따라서 고용의 문이 닫히는 것은 어느 노동자가 전체 노동의 생산에 기여할 수 있는 부분이 최저임금보다 조금 적을 때라고 할 수 있다. 이를 자세히 살펴보자.

예를 들어 최저임금을 받는 노동자에게 고용주가 지불해야 할 비용이 1년에 1,800만원이라고 하자.* 이는 르노(Renault)의 고용주가 공장에 한 명의 비숙련공을 채용하더라도 1년 동안 라구나(Laguna) 자동차 한 대도 더 만들어낼 수 없다는 것을 의미한다. 노동자 한 명의 1년 자동차 생산량이 평균 열여섯 대 가까이 되는데도 말이다.[31] 이처럼 경제학자들이 우리에게 르노에서 최저임금을 받는 노동자 한 명을 더 채용하지 못하는 이유가 너무나도 낮은 그의 생산성이라고 말하기 위해서는 한계생산성이 정말 극적으로 하락해야만 할 것이다. 하지만 가장 신기한 역설 중에 하나는 숫자가 나오기만 하면 경제학자들은 꼬리를 내린다는 것이다.

르노의 고용주는 아마 추가로 노동자를 채용하지 않는 이유

* 2001년 한국의 최저임금은 월 474,600원이며, 이는 연 570만원 정도에 해당한다. (최저임금위원회)

가 한계생산성이 낮기 때문이 아니라 추가로 자동차를 생산하더라도 이를 구입할 수 있는 수요가 없기 때문이라는 점을 잘 알고 있을 것이다. 결국 기업이 노동자의 채용을 중단하는 이유는 노동자의 생산능력이 떨어지기 때문이 아니라 수요가 부족하기 때문이다. 그것이 아니라면 어떤 신비로운 요정이 나타나 완전고용의 상태에 가까이 가기만 하면 갑자기 노동자의 효율성을 떨어뜨린다는 말밖에 되지 않는다.

수요의 한계라는 가능성을 잠시 고려해보면, 최저임금제 같은 제도의 필요성과 효율성을 쉽게 정당화할 수 있다. 최저임금이 실업의 원인이 아닐 뿐더러 유효수요의 부족으로 발생한 실업이 존재하는 상황에서는 매우 유용한 장치임을 알 수 있을 것이다. 우리는 **피아노 이사의 우화**를 통해 이런 주장을 설득력있게 펼쳐보려고 한다. 이를 위해서 굳이 "신고전주의의 헌 옷"[32]을 벗어던질 필요는 없다. 매우 쉽게 인정할 수 있는 다음 두 조건이 충족 된다면 결국 신고전주의를 신고전주의에 대한 비판에 활용할 수 있기 때문이다. 첫번째 조건은 수요에 한계가 있다는 것이고, 두번째 조건은 생산요소(다양한 종류의 노동과 설비)들이 대체가능하기 보다는 보완적이라는 것이다.

이야기는 다음과 같다. 음악회를 주관하는 어떤 기획자에게 커다란 피아노를 옮길 두명의 '일꾼'이 필요하다. 그들의 임무는 피아노를 다음 공연장소로 옮기기 위해 무대에서 트럭까지 들어 나르는 일이다. 이 일을 하기 위해서 두 일꾼은 매우 특정한 전문성을 보여야 한다. 한 사람은 피아노의 건반이 있는 부분을 잘 들어야 하고(건반일꾼이라고 하자), 다른 사람은 피아노의 꼬리 부분을 잘 들어야 한다(꼬리일꾼[33]이라고 부르자). 바로 이런 점에서 그들 각각의 기여가 **보완적**이라고 할 수 있다. 한 사람이 다른 사람을 대신할 수 없으며[34] 피아노를 옮기기 위해서는 두 종류의 기술이 모두 필요하다. 그렇지 않으면 피아노는 1cm도 움직이지 않는다. 우리의 기획자가 그 생산성에 비례한 임금을 이 **팀**에 준다고 가정하자.[35] 가령 한 번 나르는 데 1만원을 준다. 그는 두 팀원에게 합쳐서 1만원을 주는 것이며, 이를 어떻게 분배하는가는 그들간의 문제이다. 이 우화의 쟁점은 두 일꾼 사이에 어떻게 소득이 분배되는가에 있다.

'경제학'은 1980년대 초반부터 견고한 이론을 확보하게 되었는데, 그 이론에 따르면 이 돈을 나누기 위해서 두 일꾼(이들은 모두 완벽하게 합리적인 행위자들이다)이 치열하게 협상을 벌이면, 결국에 가서는 반반으로 돈을 나누는 데 합의하게 된다는 것이다![36] 이 결론에 대해서는 그다지 문제를 제기하지 않고도 받아들일 수 있을 것 같다. 왜냐하면 이번에는 다행히도 우리의 상식적인 생각과 맞아떨어지기 때문이다.

여기서 우리는 팀의 차원에서는 한계생산성에 해당하는 소득을 얻게 되지만 팀원 각각에게는 그렇지 않다는 것을 지적해야 한다. 이것은 보완적 요소를 사용하는 생산기술의 법칙이다. 왜냐하면 여기서 각각의 일꾼은 1만원에 해당하는 한계생산성을 가지고 있기 때문이다. 이 사실을 확인해보자. 건반일꾼은 혼자서는 피아노를 1cm도 움직일 수 없다. 여기에 꼬리일꾼이 거들어주면 기적처럼 피아노를 옮길 수 있다. 따라서 두번째 일꾼의 추가 생산은 1만원에 해당하는 것이다. 이와같은 사고를 우리는 그 반대의 경우에도 할 수 있는데 그것은 꼬리일꾼의 일을 건반일꾼이 거들어주는 경우이다. 결론은 마찬가지로 나온다. 피아노를 옮기기 위해서는 두 사람이 모두 필요하기 때문에 이들은 각각 자신의 한계생산성이 생산의 **전체** 가치에 해당한다고 정당하게 주장할 수 있다. 만일 각각의 일꾼이 자신의 한계생산성에 걸맞은 보수를 요구한다면 기획자는 생산의 두배에 해당하는 돈을 지불해야 할 것이

최저임금제를 철폐하라?

다. 그렇다면 이 기획자는 피아노 옮기는 것을 더이상 고려할 수 없다! 따라서 이 경우에는 팀이 각각의 한계생산성과 같은 소득을 받게 된다. 그리고 팀원들은 임금 총액을 분배한다. 따라서 이 경우에 각각의 일꾼은 자신의 한계생산성 가치의 절반(5,000원)의 소득만 올리게 되며 아무도 이것이 부당하다고 생각하지 않는다. 왜냐하면 최종 생산을 하는 데 각자의 능력이 똑같이 기여하기 때문이다.

자, 이제부터 우화가 흥미롭게 전개된다. 팀원이 피아노를 옮기기 전에 1만원을 어떻게 나눌지 의논하는 순간, 건반일꾼의 능력을 가진 세번째 일꾼이 등장한다고 가정해보자. 우리는 사건이 어떻게 전개될지 쉽게 상상해볼 수 있다. 꼬리일꾼은 이제 건반일꾼 자리를 차지하기 위해 경쟁하는 두 사람 사이에서 이득을 볼 수 있다. 만약 꼬리일꾼이 건반일꾼 두 명 중 한 사람에게 50대 50의 분배를 제안하면 다른 건반일꾼이 같은 일을 4,900원에도 할 수 있다고 나설 것이다. 그러면 꼬리일꾼은 5,100원을 벌 수 있다. 하지만 곧 협상에서 제외된 다른 건반일꾼이 자신은 4,800원에도 일할 용의가 있다며 **거래에 다시 참여할 것이다. 그리고 이런 상황은 지속될 것이다. 만약 꼬리일꾼이 이런 비굴한 흥정을 금방 중단시킬 수 있는 착한 영혼을 가진 사람이라면 자신은 9,999원을 가질테니 건반일꾼은 1원을 가지라고 결론지어버릴 것이다. 하지만 두 명의 건반일꾼은 여전히 싸울 것이다. 왜냐하면 합리적인 인간에게 있어 1원은 0원보다 언제나 많은 것이기 때문이다.

이 우화를 통해 우리는 한 명의 과잉(할 일에 비해서) 노동자가 참여함으로써 같은 능력을 갖고 있는 다른 사람의 **협상력**에 미치는 피해를 잘 볼 수 있다. 상호보완적인 두 종류의 임금노동자가 있다고 할 때 한 종류의 임금노동자 수가 그들을 필요로 하는 일자리의 수보다 많게 되면, 이들간에 경쟁이 발생하고 잠재적으로 이런 상황은 이들의 임금을 0에 가깝게 하락시켜 결국 다른 종류의 임금노동자가 그 혜택을 보게 되는 것이다. 이러한 현상은 능력이 완전히 보완적일 경우에 경쟁이 생김으로써 발생한다. 만일 건반일꾼과 꼬리일꾼을 서로 대체할 수 있다면 세 사람이 두 개의 일자리를 놓고 경쟁을 하는 상황이 되기 때문에, 이 경우에서도 실질적으로 일을 담당하는 두 명의 팀원이 서로 다른 소득을 올릴 이유는 없을 것이다.[37] 다시 한번 깊이 강조한다면 이 노동자들은 불평등한 능력을 가지고 있기 때문에 불평등하게 대접받는 것이 아니다. 오히려 이들은 모두 똑같은 한계생산성(1만원에 해당하는)을 가지고 있다. 그들 중에서 누가 더 능력이 있다거나 덜 효율적이라고 말할 수는 없다. 단지 서로 다른 일을 할 수 있는 능력을 가지고 있을 뿐이다. 그리고 경쟁제도에서 피해를 보는 자들은 다른 종류의 경쟁자들보다 필요로 하는 일의 양에 비해 상대적으로 그 수가 많은 범주의 사람들이다. 만약 어떤 회사의 이사(理事)가 최저임금의 100배(간단히 말해서)를 번다면, 피아노 이사 우화의 경우 이 사람은 꼬리일꾼인 셈이다. 좀더 세속적으로 표현하자면 이사는 경리와 경영을 담당하여 돈을 셀 줄은 알지만(그의 능력) 노동자처럼 나사를 돌릴 줄은 모르기 때문에[38] 경영 인력에 비해 육체노동을 제공하는 노동력이 과잉공급되는 상황의 혜택을 누릴 수 있는 것이다.[39] 물론 사람들은 육체노동자들이 이사들처럼 경리를 담당하거나 경영을 할 수 없다고 너무나 쉽게 생각하고 있지만 말이다.

이런 상황에서 최저임금제 같은 제도의 기능은 시장에서의 경쟁으로 인해 협상력이 취약해진 노동자집단의 소득이 지속적으로 하락하는 것을 막는 것이다. 실제로 자본주의의 확장은 세 가지 상시적인 특징을 나타낸다. 특정한 기술의 발전상태에서는 항상 서로 혼합되어야 하는 능력간에 상당히 강한 보완성이 나타나며, 기계를 돌리기 위해서는 이 능력들이 모두 필요하다. 하지만 기업들이 경쟁에서 이기기 위해 기술을 도입하는 속도는 필요한 기능에 적합한 능력을 키우려는 노력보다 항상 빨리 진행되고, 따라서 특정 능력을 가진 집단이 항상 다른 집단에 비해 과잉공급되는 상황을 초래한다. 또한 유효수요의 변화가 요구하는 경제활동의 양이 기술발전의 리듬을 완벽하게 따라가지 못하기 때문에 이러한 특정 능력들은 수요에 비해서도 과잉상태라고 할 수 있다. 즉 이들을 모두 고용할 수는 없다는 말이다. 결국 이러한 요인들이 합쳐져서 소득은 지속적으로 차별화되기 마련이며 거의 끝없이 양극화된다.[40] 서민적 지혜가 말하듯이 세상에는 모든 것이 필요하긴 하지만 이 세상의 부분들이 서로 좋은 관계를 유지하지 못하면(완벽하게 동등할 수 있는 그들의 생산성과는 아무 상관없이[41]) 불평등은 경제적 원인이 아니더라도 폭발할 수 있다. 따라서 최저임금은 일부 직종의 노동자들에게 강요되는 '이중의 고통'을 완화시키기 위한 정의의 장치라고 할 수 있겠다. 여기서 이중의 고통이란 실업으로 인해 이들의 임금이 계속 하락하는 경향을 보여주기 때문에 나타나는 고통과 바로 이 하락 경향을 초래하는 요인인 실업이라는 고통이다.

최저임금제를 철폐하라?

전통적으로 자유주의자들이 최저임금에 대해 반대입장을 보일 때 그것이 전적으로 이데올로기적 성격만을 반영하고 있다는 사실을 지적하는 데는 이것만으로도 충분하다. 문제는 이 최저임금이 비숙련('비숙련'이란 것은 매우 상대적인 개념이라는 것을 이미 확인한 바 있다) 노동자의 한계생산성과 비교해보았을 때 너무 높은 데 있는 것이 아니다. 이 담론은 유효수요의 부족이라는 문제에 대해 자유주의자들의 무능력(또는 의지의 결핍)을 감추는 데 필요할 뿐이다. 문제는 실업이 존재할 때 수요량을 늘리기 위해 노동의 가격을 내리는 데 있는 것이 아니라 노동의 수요를 이동시키는 데 있다. 그것은 각각의 가격 수준에서 노동의 수요량을 늘리는 것이며 최저임금의 수준에서도 모두가 일을 갖게끔 하는 것이다. 이를 위해서는 경제활동의 수준을 확장해야 한다.[42] 바로 이 점이 현대 경제이론의 맹점을 보여주는 부분인데, 최근에 사람들이 거의 고정관념처럼 선호하는 의식은 신이 늙은 케인즈의 장례를 치르고 있다는 것이다. 케인즈가 유효수요의 부족이라는 문제에 대해 진심으로 관심을 가지고 살펴본 경제학자들 중의 한사람인데도 말이다. 물론 이것은 또다른 이야기일 것이다.

4
사회복지 수혜자들이 못돼 먹었다?

경제학의 실업이론이 최저임금제 다음으로 중요한 타깃으로 삼는 것은 복지국가의 틀을 형성하고 있는 노동자의 보험과 지원 장치들이다. 왜냐하면 이런 장치들은 노동력의 비용을 높게 하고 노동시장에서 노동자의 태도를 변화시키기 때문이다. 잘 알려진 대로 사회적 비용의 무게는 부담을 가중하여 고용주를 숨차게 하고, 이미 매우 높은 수준의 사회분담금으로 운영되는 각종 지원과 보험 장치는 일하지 않고도 먹고 살 수 있기 때문에 노력하려는 마음조차 없는 거대한 수혜자 집단만을 유지시킬 뿐이다. 각종 전문가 및 고용주 모임에서 토론을 진행하는 대표적인 입장에 있으며 예리한 사고를 가진 경제학자는 이런 주장에 과학의 도장을 찍기 위해 이 모든 것들을 이론화해야 했다. 서민들의 관대한 성향을 뒤집어엎는 것만이 과학성을 증명하는 효율적인 방법이라고 생각하는 경제학자들은 최저임금제에 관한 '증명'에서처럼 실업의 결과를 그 반대, 즉 실업의 원인으로 뒤바꿔놓는 전략을 택하고 있다. 이러한 학술적 전환을 거치면서 기아와 경제적 불황으로 인한 고통에서 노동자를 구제하기 위한 제도들은 비참한 인간들에게 가해지는 불행의 원인이 되어버린다. 과학자는 설득력을 갖기 위해서는 통찰력을 발휘하여 사람들이 놀라워할 만한 이야기를 해야 한다고 생각하기 때문에 가난한 자들을 도와주는 것 자체가 그들의 불행을 초래한다는 획기적인 주장을 하는 것이다.

완전고용이라는 즉흥적이고 황홀한 작품이 만들어지는 것을 끊임없이 방해하고 시장의 자연스러운 질서를 파괴하는 각종 질병 중에서 경제학자들의 표현대로 '노동에 대한 동기 저하'를 가져오는 사회적 장치들이 선두를 차지하고 있다. 경제학자들은 얼마나 세련된 표현을 사용하는지 모른다. 그들의 유일한 목적은 다른 용기 있는 사람들이 자신의 이익을 늘리기 위해 열심히 일하고 있을 때 '룰루 랄라'하고 놀면서 보

사회복지 수혜자들이 못돼 먹었다?

험 혜택을 누리는 실업자들의 게으름과 나태함, 그리고 기생충적인 성격을 질타하는 데 있음에도 불구하고 말이다.

이와 관련해서 경제학 이론이 어떤 이야기를 하는지 제대로 이해해보자. 항상 반복되는 이야기지만 실업은 노동의 가격, 즉 임금이 구매자(고용주)의 입장에서 너무 비싸기 때문에 발생한다. 임금이 너무 높은 이유를 설명하는 가장 단순하고 직접적인 좋은 방법은 x또는 y라는 이유 때문에 임금이 어떤 하한가 밑으로 내려가지 않는다고 설명하는 것이다. 실업을 해결하기 위해서는 임금이 하락해야 하는데도 불구하고 말이다. 최저임금의 존재를 통한 실업의 설명은 바로 이런 차원에서 시장의 조정을 방해하는 하한임금을 죄악시하는 경우라고 볼 수 있다. 그러나 이런 하한임금이 존재하는 또다른 이유가 적어도 하나 있다. 우리처럼 풍요로운 사회에서는 특정인이 실업상태(강제 여가라고 해야 하지 않을까)에 있더라도 아무런 소득이 없는 것은 아니다. 실업수당, 사회최저소득, 소득에 따라 지급되는 다양한 보조금(주택보조금, 아동보조금, 신학기보조금, 할인권, 식당권 등)처럼 소득을 대체하는 보상적 보조금 제도가 존재하기 때문이다. 게다가 일을 하지 않으면 절약할 수 있지 않은가? 교통비도 절약되고 외식도 줄일 수 있으며, 보육비나 세탁비 등도 모두 줄일 수 있다. 결국 비노동자라는 하나의 지위가 진정 존재한다고 할 수 있으며, 이렇게 작은 특권들을 모아 이를 재정적 차원으로 환산하면 일종의 실업 '임금' 같은 것을 발견할 수 있다. 그 다음 단계는 너무나 분명하다. 이러한 실업임금보다 낮은 임금을 주는데도 일을 한다면 그야말로 바보라고 할 수 있다. 하지만 노동자들은 바보가 아니라 그 반대로 완벽하게 합리적인 존재이다. 한가지 예를 들어보면 X씨는 자신의 실업상태와 관련하여 매달 119만원에 상당하는 '혜택'[43]을 누리고 있다. 그는 한달에 119만 1원 이상 주지 않으면 노동을 공급하지 않을 것이다. 그러나 만약 이런 보상제도가 없다면 그는 다르게 행동했을 것이다. 그는 소비재를 사기 위해 소비와 여가를 조정하는 과정에서 일하는 방향으로 결정을 내렸을 것이다. 가령 119만원이라는 임금 수준에서는 매달 170시간을 일할 가치가 있다고 판단하고 그만큼의 여가를 포기할지도 모른다. 왜냐하면 그는 이만큼의 소득에서 도달한 소비 수준이 170번째의 여가를 보상한다고 생각할 것이기 때문이다. 하지만 그에게 119만원을 '주게' 되면 그는 군이 일하러 갈 필요가 없다. 일을 안하고도 돈을 벌 수 있는데 왜 일을 하겠는가? 그것은 여가를 포기

사회복지 수혜자들이 못돼 먹었다?

하지 않고 소비할 수 있다는 것을 의미한다. 달리 말해서 X씨 같은 상황의 모든 노동자는 조금 특수한 노동을 공급할 것이다. 그들의 수첩을 살펴보면 임금이 매달 119만원이 되지 않을 경우 공급되는 노동량은 0이다. 하지만 이 단계를 넘어서게 되면(시간당 임금 7,000원) 노동과 여가의 조정이 제대로 이뤄진다. 7,001원부터 X씨의 노동공급은 갑자기 0에서 170시간으로 늘어나는데 그 이유는 이때부터 월급이 1,190,170원이 되며 이는 170시간의 여가 포기를 보상할 수 있기 때문이다. 이때부터 시간당 임금이 오르면 노동공급이 계속 늘어나는데 그것은 여가를 포기하고 소비를 선호하는 조정이 이뤄지기 때문이다.

이런 상황에서 X씨 같은 노동자를 채용하기 위해서는 어떤 고용주도 119만원 이하의 임금을 제안할 수 없다는 사실을 알게 된다. 바로 이런 의미에서 모든 X씨의 **예약임금**이 하한임금의 역할을 수행하는 것이다. 사람들은 일하지 않고서도 일할 때와 같은 생활수준을 유지할 수 있는 보상적 지원금의 혜택을 받고 있기 때문에 이 예약임금보다 낮은 수준에서는 일하려 하지 않고, 따라서 시장 임금은 그 아래로 내려갈 수 없는 것이다.

이는 X씨 같은 개인들의 실업을 직접적으로 설명해준다. 만일 시장을 '순화'시키는 임금[44] 수준이 이론적으로 119만원 이하에 위치한다면 이와같은 균형상황은 도래하지 않을 것이다. 왜냐하면 노동자들이 기꺼이 일을 하기 위해 요구하는 최소한의 예약임금의 존재가 임금의 하향 조정을 가로막고 있기 때문이다.

같은 내용을 다른 식으로 소개한다면, 관대함이 넘치는 복지국가가 너무나 편안한 생활수준을 보장해주기 때문에 고용주들이 사회적 지원 혜택을 누리고 있는 수혜자들을 끌어내기 위해서는 임금을 예약임금보다 높은 수준으로 올릴 수밖에 없다는 것이다. 하지만 이 정도 수준의 임금에서는(그것은 이론적으로 예약임금보다 1원이라도 높으면 된다) 고용하는 것이 이롭다고 생각하는 고용주의 수보다 일하려고 하는 노동자의 수가 훨씬 많을 가능성이 높다. 이 정도 수준의 임금에서 나타나는 수요와 공급의 괴리가 결국 실업인 셈이며, 시장에서 형성되는 이 임금은 예약임금에서 가장 가까운 위치에 있다고 하겠다. 임금은 그 아래로 내려가지도 않고(노동자들은 예약임금보다 1원이라도 적은 임금을 위해서는 일을 거부하고 보상 지원금을 받으려고 할 것이다) 고용주들은 임금을

사회복지 수혜자들이 못돼 먹었다?

높일 필요도 없다. 왜냐하면 이미 그 수준에서 원하는 것보다 많은 노동력이 존재하기 때문이다.

요약해서 말하면 실업이 존재하는 이유는 복지국가가 노동자들이 노동시장에서 까다롭게 굴도록 만들기 때문이다. 복지국가 때문에 노동자들은 완전고용을 보장받을 수 있는 수준의 임금보다 높은 임금을 요구하게 된다는 것이다.

따라서 가난한 자들의 실업을 줄이기 위해서는 그들의 부(富)를 공격해야 한다. 경제협력개발기구의 전문가들이 제시하는 실업 해결책이 바로 이것이다. "실업수당과 이와 관련된 지원금 제도를 개혁해야 한다. 장기실업자가 혜택을 누리는 기간을 단축하고 보상 지원금의 수준을 낮추어야 한다. 왜냐하면 소득이 낮은 노동자의 경우, 일할 때보다 상대적으로 높은 보상 수준은 일자리를 찾으려는 동기를 저하시킬 수 있기 때문이다. 더 나아가 구직활동에 대한 감독과 지원금에 대한 제재를 강화해야 한다." [45] 이는 높은 실업수당을 받으면서 고용주들을 놀리고 노동을 회피하는 이 까다로운 인간들을 일하게 하려면 예약임금을 줄일 수밖에 없다는 말이다.

다시 한번 말하지만 우리가 이해하기 어려운 것은 왜 이런 중립적인 전문가들이 거지들의 상황을 개선하는 데 이토록 집착하느냐는 것이다. 앞에서 보았듯이 그들이 이런 권고를 하기 위해 기반으로 삼고 있는 것이 **자발적 실업**이론인데, 도대체 그들은 실업을 줄이려고 왜 그토록 노력할까? 이 설명에 의하면 실업상태의 노동자들은 그 상황을 즐기고 있다. 시장이 제공하는 임금은 잠재적으로 예약임금과 같은 수준이기 때문에 실업상태로 지내는 것은 일하는 것만큼의 만족(대체소득과 여가라는 형태로)[46]을 제공한다. 그렇다면 중립적인 전문가들이 유한계급의 모든 특권을 누리며 편안하게 쉬고 있는 이 행복한 빈자들을 그 상황에서 벗어나게 하려고 머리를 쥐어짜는 이유는 무엇일까? 이것이야말로 자유주의 사상의 신비한 부분이라고 하겠다······ 그 사람들이 원하지도 않는 행복을 만들어주어야 하는 것인가?

이 전문가들과 그들의 충실한 대변인들, 그리고 신자유주의 고취대회의 수상자들이 우리에게 말하지 않는 것은 이런 유형의 실업을 해결하기 위해서는 게으름을 조장하는 제도들을 없애야 한다는 것이며, 그럴 경우 논리적으로 이런 권고의 결과는 현 임금의 하락으로 연결된다는 점이다. 이 이론을 설명하면서 그것의 목적이 단순히 사회복지 수혜층을 줄이고 사람들이 다시 노동시장에 참여하도록 유인하는 것이라고 말한

사회복지 수혜자들이 못돼 먹었다?

다면 그것은 이 이론을 제대로 이해하지 못한 것이다. 물론 일부는 이해능력이 없기 때문에 이 수준에서 만족해야 할 테지만 말이다. 이미 300~500만명 정도의 실업자가 존재하는 상황에서 새로운 노동공급자들이 기존의 실업자군에 더해져야 한다는 것은 역설적인 주장이다. 물론 이런 역설을 주장하는 사람들이 항상 역설적인 주장에 놀라는 것은 아니지만 말이다. 실제로 이 사상을 주장하는 사람들이 열심히 공부하고 외운 문장의 절반이라도 잊어버리지 않았다면, 이런 정책에서 기대되는 효과는 예약임금의 폭락을 동반하는 현재 임금의 하락이라는 것을 알 것이다. 이 과정에서 목표하는 바는 당연히 임금에 대한 노동자들의 요구를 줄임으로써 노동자들간의 경쟁을 촉진시키는 것이다. 실업에 대한 보상 지원금을 한달에 28만원으로 줄인다면 37만원만을 받고도 일하려고 하는 노동자들이 생겨나는 것은 당연한 일이 아닌가?[47] 그리고 이 정도의 임금이라면 모두에게 일자리를 줄 수 있지 않은가? 이런 이론을 주장하는 사람들이 정직하다면 실제로 이런 임금이 어떤 수준이 될지를 우리에게 말해주어야 한다. 실업보험제도의 특권층을 붕괴시키기 위해 용기로 무장한 자들은 그들의 영웅심리를 계속 발휘하여 어떤 계산이 나오는지를 밝혀야만 한다. 피아노 이사 우화에 기반한 우리의 계산에 의하면 임금의 하락은 잠재적으로 0까지 지속될 것이고 그렇다고 해도 고용상황은 개선되지 않을 것이다. 이 결론이 조금 극단적이라는 점은 인정하지만 경제학에서는 황당한 결과를 소개하지 않으면 신중한 학자로 대접받지 못한다.

예약임금이론이 믿을 만한 것이라고 가정한다면 가장 놀라운 사실은 실제로 사람들이 쥐꼬리만한 임금에도 일할 준비가 되어 있다는 점이다. 국립통계경제연구소(INSEE)[48]의 고용관련 조사에 따르면 임노동 여성의 25%가 한 달에 55만원 이하의 임금을 받고 있다(물론 이들은 대부분 파트타임으로 일한다). 이것이 바로 각종 지원금을 받고 게으름을 즐기고 있는 사람들을 일하도록 하기 위해서 그들에게 제공해야 하는 보너스인 것이다. 55만원이 바로 그들의 예약임금이라고 치자. 이것이 너무 높다고 주장하는 것인가? 그리고 이것이 바로 실업의 가장 커다란 피해자인 노동자계층의 실업 원인이라고 말하는 것인가? 경제학이론을 신중하게 생각하는 사람들이여, 감히 그런 주장을 한번 펼쳐보라!

실업의 원인과 결과를 은밀하게 뒤바꿔치는 이 설명의 주요한 기여는 그 설명력에 있는 것이 아니다. 이들은 실업자들이 결코 불행하지 않다고 주장하곤 한다. 하지만 이들의 주장과는 달리 실질적으로 실업자들은 참지 못할 정도로 불행한 모습을 보여주고 있다. 결국 실업이론은 이같은 광경이 초래하는 도덕적 상처를 가리기 위해 붙이는 반창고 역할만을 한다고 볼 수 있다. 과학적인 설명이 진정 필요한 부분은 실업기간 동안 일을 하지 않는 사람들을 게으르다고 보는 것이다. 이 부분이야말로 가장 부도덕하고 충격적인 부분인데, 그렇다면 일이 없는 노동자들은 놀고 있는데도 불구하고 왜 그토록 고통스런 모습을 보이는 것일까? 경제학은 이들이 겪는 고통의 광경을 은폐하기 위해 또다른 쇼를 준비한다. 이 쇼에서는 실업자들이 부자이며 이익을 누리려 하고 게으르기 때문에 수혜자적 상황에 빠졌고, 그 책임 또한 그들에게 있다고 보여준다. 하지만 이런 방식이 효과를 보기 위해서는 경제학이론의 거대한 공장에서 진행되는 이데올로기적 투쟁만으로는 부족하다. 이러한 쇼는 정치무대에서 현실적으로 연출되지 않으면 그 의미가 사라지고 만다. 이처럼 불로소득을 누리는 자들을 사회적 타깃으로 삼기 위해서는 이들이 죄책감을 가지도록 강요하고, 이러한 강요를 의식화하는 것만큼 효과적인 방법은 없다. 토니 블레어(Tony Blair)를 비롯한 많은 정치인들은 이런 사실을 잘 이해한 것이다. 1999년 2월 영국 노동당 출신의 이 수상은 제도를 수탈하는 사람들을 대상으로 십자군 원정의 출발을 선포했다. 『더 데일리 메일』(The Daily Mail)에 실린 기고문에서 토니 블레어는 이렇게 경고했다. "우리는 강력하게 나갈 것"이라고 말이다! 누구에 대해서 강력하게 나간단 말인가? 그것은 물론 (가짜) 빈자와 (가짜) 환자들에 대해서이다! 젊고 잘생기고 부자인데다 역동적인 이미지의 그 수상은 장애수당을 받는 280만명의 수혜자들과 어린아이를 혼자서 키우느라 사회적 지원을 받는 110만명의 가장들에게 다음과 같이 말했다. "사회 지원금에 대한 자동적 권리의 시대는 지나갔다." 그는 왜 이런 이야기를 했는가? 그것은 간단하게도 사람들이 '다시 일하도록' 유인해야 하기 때문이다. 이건 정말 상식적인 이야기가 아닌가? 실업을 해결하기 위해서는 직장이 없는 사람들이 다시 일하도록 해야 한다![49] 토니 블레어[50]에게는 작은 변화일지 몰라도 서구의 경제·정치사상에 있어서는 거대한 발전이다……

이처럼 정치인들이 실업자들의 게으름을 그냥 내버려두고 아무런 대책도 세우지 않는다면 양심의 가책에 시달릴 수밖에 없다. 따라서 이 게으른 실업자들은 매일 자신의 실업상

사회복지 수혜자들이 못돼 먹었다?

태를 확인하는 최소한의 노력이라도 해야 한다. 앞에서 살펴본 토니 블레어의 난리법석은 바로 이 점을 증명하고 있다. 일자리가 없다고? 그럼 찾아보란 말이야! 실업자는 마치 자신의 잘못을 속죄하기 위해 매일같이 부끄러움의 가면을 쓰고 신분하락의 의식을 치러야 하듯 일자리를 찾아나서야 한다.

이런 회초리를 든 가장들이 일명 **일자리 찾기**(Job Search) 이론을 모른다는 것은 안타까운 일이다. 왜냐하면 이들이 조금만 더 노력한다면 실업의 진정한 원인은 사람들이 일자리를 찾는다는 사실에 있다고 우리에게 설명해줄 수 있을 것이기 때문이다! 어쩌면 이 이론은 예약임금의 너무나도 세련된 버전일지도 모르기에 그들의 연설에는 자주 등장하지 않는다. 하지만 이 이론은 실제로 존재한다.[51] 여기에서 약간 언급함으로써 추종자들이 생겨날까 겁나기까지 한다.

이 이야기의 핵심은 다음과 같다. 보상적 지원금과는 상관없이 구직자들은 어쨌든 예약임금을 가지고 있다. 우리는 이것을 기대임금 수준이라고 부를 수 있을 것이다. 구직을 할 때 노동자는 첫번째 제안을 수락할 필요는 없다. 특히 구직활동을 계속함으로써 더 높은 소득을 올릴 수 있는 가능성이 높다고 생각한다면 말이다. 따라서 합리적인 노동자는 특정 임금 수준을 계산하는 멋을 부릴 것이다. 만일 고용주의 제안이 이 임금보다 낮으면 그는 고용 제안을 무시해버릴 것이고 계속 실업(아, 죄송합니다! 구직)기간에 시간을 투자하는 것을 선택할 것이다.

이 계산을 살펴보기 위해 구직과정에 있는 노동자가 한 달에 한 건 정도의 고용 제안을 받는다고 가정해보자. 물론 그는 한 달이 시작될 때마다 고용 제안에서 어느 정도 수준의 임금이 제안될지 알 수 없다. 하지만 그는 대충 어느 정도 범위의 임금이 제안될지는 알 수 있다. 이를테면 노동자는 시장에서 20% 정도의 고용 제안은 월 50만원 이하의 수준이고 나머지 80%는 562,500원(우리는 정확해야 한다!)이라는 평균치 부근에서 고용이 이뤄질 것이라는 점을 알고 있다. 매달 초 우리의 노동자가 스스로 제기하는 문제는 어느 정도의 임금 수준부터 제안을 수용하는 것이 합리적인가 하는 것이다. 한번의 일자리는 대략 평균 10개월 동안 지속된다.

이 사례에서 **예약임금**이라 불리는 임금의 수준은 50만원이다. 왜 그런가? 그것은 이 가격 수준에서 노동자가 자신의 구직기간을 한 달 더 늘리는 것과 즉시 이 일자리를 택하는 것이

사회복지 수혜자들이 못돼 먹었다?

같은 결과를 낳기 때문이다. 따라서 그는 50만원 이하의 수준에서는 일하지 않으려 할 것이다.

예를 들어 우리의 노동자가 48만원짜리 고용 제안을 수락하는 것은 비합리적이다. 다음 제안을 기다리기 위해 우리의 노동자가 구직기간을 한 달 더 늘린다면 그는 10개월 동안 매달 562,500원을 벌 수 있는 80%의 가능성을 갖게 된다. 따라서 48만원짜리 고용 제안을 거절해도 그가 벌 수 있는 액수는 다음과 같다. (562,500-480,000)원×10개월×80%=660,000원. 이 정도 소득이라면 한 달 더 실업자 생활을 하더라도 480,000원의 한 달 소득만 희생하면 되고 그렇다 하더라도 180,000원이 남는다. 따라서 이 이론에 의하면 우리의 노동자는 49만원짜리 일자리를 거절해도 여전히 득을 보며 495,000원짜리의 경우에도 마찬가지이다. 고용 제안 임금이 50만원이 되어야 계산이 균형을 이룬다. (562,500-500,000)원×10개월×80%=500,000원. 고용 제안 임금이 50만원이면 그 돈으로 한 달 동안 추가로 구직활동을 하는 비용을 간신히 메우게 된다. 바로 여기가 균형점이다. 우리의 노동자는 50만원 이하의 고용 제안을 모두 거절해야 자신에게 이익이 된다. 왜냐하면 50만원 이하의 고용 제안일 경우 한 달 더 구직활동을 함으로써 얻을 수 있는 이득이 이 제안을 포기하는 비용을 보상하고도 남기 때문이다.

만일 모든 노동자가 이와같은 계산을 한다면 그들은 50만 원 이하의 고용 제안을 일언지하에 거절할 것이다. 전체적으로 본다면 고용제안의 20%는 거절당할 것이고 이 고용은 채워지지 못할 것이다. 그리고 매달 실업자의 80%가 새로운 일자리를 찾을 것이다. 평균적으로 본다면 노동자의 실업기간은 1.25개월이다.[52] 고용기간이 평균 10개월이기 때문에 노동자는 11.25개월 중 1.25개월 동안 실업상태에 있는 것이고 이에 따르면 실업률은 11% 정도가 된다고 추정할 수 있다.

이것이 바로 실업이 존재하는 이유이다. 매우 단순하게도 실업이란 노동자들이 가장 저렴한 제안보다 높은 소득을 보장하는 일거리를 찾기 위해 기꺼이 지불하는 비용이다. 실업이란 결국 '버티어 볼 만한' 기간일 뿐이며 노동자들은 미래의 더 높은 소득을 위해 이 기간 동안 소득이 없는 상황을 인정하고 있는 것이다. **일자리 찾기**라는 이 이론의 명칭은 여기서 비롯된다. 실업자들은 구직기간에 합리적으로 투자하는 사람들이며 이로 인해 실업이 발생한다는 것이다.

단순한 사고를 하는 사람들은 구직활동이 실업의 결과라고

사회복지 수혜자들이 못돼 먹었다?

생각하는 경향이 있다. 그러나 경제학은 외과수술과 같은 방식으로 이를 바로 그 반대로 만들어버린다. 실업은 구직활동의 결과라고 말이다.

5
게으름뱅이들을 몰아내자?

사물의 질서를 뒤집어엎는 담론은 항상 인기를 끈다. 경제학자는 상식적 생각과 반대되는 사실을 증명함으로써 사람들을 종으로 만드는 데 뛰어난 능력을 보여주고 있다. 가령 경제학자는 노조의 저항이나 사회적 재분배, 노동시장의 규제가 노동자를 빈곤과 실업의 구렁텅이에서 보호해주는 것이 아니라 바로 빈곤과 실업의 원인이라고 주장한다. 무식한 일반인들은 이런 제도가 자본주의 시장체제가 가져오는 모든 불행의 파도로부터 자신들을 보호해주는 방파제라고 생각하지만 실제로 이런 제도들은 노동시장의 조화로운 기능을 방해하고 있다는 것이다. 경제적 행위자(그 누구보다 임금노동자들)는 항상 "시장을 힘으로 짓누르"려 하기 때문에 시장의 혜택을 누릴 수 없다는 것이다. 만일 노동시장이 당근시장(노동이나 당근이나 그게 그것 아닌가)과 같이 자유롭게 기능하도록 내버려둔다면 완전고용을 창출할 수 있다고 말이다.

이 단계에 오면 독자들은 조금 더 통찰력을 가진 경제학자들이 있지 않을까라는 의문을 가질지도 모른다. 그런 경제학자라면 노동과 당근은 서로 다르며, 따라서 노동시장은 당근시장과 같이 기능할 수 없다고 생각할 것이기 때문이다. 노동시장의 부작용이 노동조합이나 최저임금제 또는 사회복지제도와 같은 외부적 혼란에 의해서 생겨나는 것이 아니라 노동이 다른 상품과는 다르다는 사실에서 그 원인을 찾아야 하는 것이 아닐까? 결국 노동 '시장'은 시장처럼 기능할 수 없으며 오히려 시장이 될 수 없는 것을 시장처럼 기능하게 하려고 애쓰기 때문에 경제가 완전고용을 보장하지 못하는 것이 아니겠는가?

오늘날 이 질문에 대한 답은 망설임이 전혀 없이 예스이다. 이런 종류의 경제학자들도 분명히 존재한다. 그러나 너무 성급하게 김칫국부터 마시며 기뻐해서는 안된다. 왜냐하면 경제학이론은 약 15년 전부터 '노동이라는 상품'의 특수성을 부분적으로 인정해왔지만, 그렇다고 해서 이론적·실천적으로 노동 '시장'을 시장으로 다뤄서는 안된다고 결론내린 것은 아니기 때문이다. 오히려 무척이나 음흉한 그 반대의 결론에 도달하게 되는데, 바로 이 '노동이라는 상품'의 특수성 때문에 노동시장이 필연적으로 실업을 만들어낸다는 것이다. 이는 시장을 비난할 수는 없기 때문에 노동자들을 못살게 굴 수밖에 없으며 이런 운명에 순종할 수밖에 없다는 주장이다. 뒤에서 설명하겠지만 실업이란 그토록 특수한 노동이라는 상품이 교환되는 시장의 작동이 본질적으로 생산해낼 수밖에 없는 결과이다. 물론 그 잘못은 상품 그 자체에 있다.

약 15년 전쯤에 경제학이론이 노동이 다른 상품들과는 다른 종류의 상품이라는 사실을 깨달은 것은 정말 보기 드문 통찰력의 발휘이며 칭찬받을 만한 일이다.[53] 맑스를 읽지 못했거나 읽기를 거부하는 사람들이 수염 난 이 영감이 이미 그 시대에 명확하게 주장했던 내용을 단 100년 만에 다시 발견했다는 것은 놀라운 사실 아닌가? 맑스는 노동자는 자신의 상품과 구분될 수 없다고 지적했다.[54] 노동이라는 상품을 팔고 난 다음에도 상품의 주인인 노동자는 상품의 이동을 따라다니며, 심지어 생산의 영역이라는 기업의 핵심적인 부분까지 따라들어간다는 것이다. 이것은 마치 당신의 텔레비전을 판매하는 회사(상품의 과거 주인)의 배달직원이 당신의 소파에 앉아 함께 텔레비전을 보는 것과 마찬가지이며, 그는 텔레비전이 더이상 기능하지 않을 때까지 당신의 거실에서 나가지 않는 것과 같다. 이런 공존이 어떤 문제를 일으킬지는 쉽게 상상할 수 있다. 노동자의 경우에도 거의 비슷한 현상이 나타난다. 노동자가 자신의 상품 옆에 항상 존재한다는 것이 가장 어려운 문제이다. 기계의 이미지에 따라 만들어진 사회에서는 인간적 요소가 문제를 가장 많이 제기하며 모든 부작용의 원인이 된다. 노동시장의 신(新)이론들은 이런 부분을 잘 보여주고 있다.

노동이라는 상품의 특수성은 결국 노동과 노동을 행하는 사람을 구분할 수 없다는 데 있다. 노동자와 당근 사이에 존재하는 근본적인 차이점들을 자세히 살펴보면 노동자의 특징에 기초한 다양한 실업이론이 만들어진다는 사실을 알 수 있다. 여기서는 노동자의 다섯 가지 특징만을 다루려고 한다. 당근과는 달리 노동자는 겁쟁이에다가 약삭빠르며, 게으르고 충동적이고 못됐다는 것이다. 이 특징에 따라 다섯 가지의 실업이론이 있다.

게으름뱅이들을 몰아내자?

겁쟁이 노동자 이론

월급쟁이가 소박한 월급쟁이일 수밖에 없는 이유는 그가 위험을 기피하는 인물이기 때문이다. 사장이 되어서 민간기업의 위험을 관리할 능력이 없는 이들은 여가를 조금 포기함으로써 월급을 받는 훌륭한 직장을 선택했다. 임금노동자가 가지고 있는 **위험 회피** 경향은 구체적으로 노동자는 가능하면 항상 똑같은 정기적 월급을 원하며 활동에 따라 변하는 소득은 원치 않는다는 사실에서 확인할 수 있다. 달리 말해서 임금노동자는 고용주라는 어려운 직업의 조건에 대해서는 아무런 관심도 없고 '자신의' 회사 상황이 좋든 나쁘든 똑같은 소득을 원한다는 말이다.

경기가 좋을 때는 높은 임금을 받고 경기가 나쁠 때는 낮은 임금을 받기 보다 노동자는 이 둘 사이에 위치한 고정된 소득에 만족한다는 것이다.

위험을 회피하는 성향 때문에 노동자는 노동수요가 많고 이론적으로 임금이 높은 호황기에 받을 수 있는 임금보다 낮은 임금을 기준으로 기꺼이 협상한다. 그 대신 시장의 균형이 이론적으로 낮은 임금을 요구하는 불황기에도 같은 수준의 임금을 보장받기를 원한다. 노동자는 결국 기업과의 노동계약에 암묵적으로 포함된 일종의 보험계약을 맺는 것이다. 노동자는 고용주에게 호황기에는 자신의 임금에서 납입금을 내는 것이고, 불황기에는 임금보조금 형식으로 보험금을 타는 것이다. 이런 보험계약을 통해 노동자는 고정된 소득을 누릴 수 있다.

이런 종류의 계약은 노동자가 위험 회피 경향을 너무 많이 보이면 고용주에게 전적으로 득이 될 수도 있다. 노동자가 호황기에 높은 임금을 포기함으로써, 불황기에 고용주가 지불하는 추가임금이 보상되고도 남을 수 있기 때문이다. 여기서 추가임금이란 시장의 균형 수준보다 높은 임금을 지불하겠다는 계약의 내용과 관련된 것이다.

양측이 모두 득을 볼 수 있기 때문에 이들은 계약을 체결하게 되고, 앞에서 보았듯이 이 계약에는 불황기에 시장의 균형임금보다 높은 임금을 지불하겠다는 조항이 포함되어 있다.[55] 이 조항의 정확한 의미는 불황기에는 실업이 존재한다는 것이다! 그리고 이때 실업은 노동자들이 경기의 변동으로부터 보호받으려는 성향의 결과인 것이다.

다시 한번 반복되는 말이지만 이 이론은 실업의 원인이 너무 높은 임금 수준에 있다고 본다. 이 이론의 묘기는 임금의 하향 경직성이 양측간에 자유롭게 체결된 계약, 즉 서로 이익이 되는 조항에 기초한다는 주장에 있다.

이 이론이 처음부터 가지고 있는 문제 중의 하나는 경기의 변동으로부터 그토록 보호받기를 원하는 노동자들이(이들은 소득의 변화를 두려워하기 때문에) 왜 고용주와 합작하여 불황기에 실업상황(실업이야말로 노동자들이 가장 두려워하는 위험 아닌가)을 초래할 것으로 명백하게 예상되는 계약을 체결하겠느냐는 것이다. 그러나 이런 문제가 있다고 해서 이 '이론'의 주창자들이 불행해지는 것은 아니다. 왜냐하면 바로 이런 종류의 문제가 있음으로 해서 그들은 계속 활동할 수 있기 때문이다. 그들은 '모델을 개선'할 여지가 많다고 할 것이며, 이 개선작업에도 열심히 매달릴 것이다. 어쨌든 이런 상황에서 경제학자들이 할 일은 무척이나 많아진다. 경제학은 특정 이론에 문제가 많을수록 관심을 가져야 하며, 이러한 관심 때문에 더욱 흥미로운 이론이 되는 것이다!

이런 이론적 문제를 해결하기 위해 어떤 노력을 기울이는지 모르겠지만 실업의 원인이 임금노동자의 비겁함에 있다고 설명하기 위해 경제학자들이 기울이는 노력은 집착에 가깝다.

고용주는 노동계약과 동시에 보험계약까지 이들에게 끼워 팔고 있는데도 말이다.

언제나 우리가 주장해왔듯이 경제학자들은 노동자의 비겁함을 비난하기보다는 문제의 실질적 원인이라고 할 수 있는 경기의 변동(여기서 경기의 변동은 어떤 구체적인 언급 없이 그냥 어느날 나타나는 **돌발적인 사건**으로 취급되고 있다)으로 인한 비극에 눈물을 흘려야 할 것이다. 하지만 경제학자들의 선택은 그것이 아니다. 이들은 가난한 사람들이 신세한탄을 하지 못하도록 그들의 불행은 이를 피하려고 너무나 애쓴 나머지 그들 스스로 초래한 것이라고 설명하기를 원한다.

이렇게 실업을 노동자의 위험 회피로 설명하는 것은 요즘 들어 점점 더 황당한 모습을 띠고 있다. '기업 경영학'에서는 금융시장을 통해 기업이 아주 높은 이윤율을 창출하도록 강요하고 있다. 경기의 상황과 상관없이 수단과 방법을 가리지 않고 이처럼 높은 이윤율을 내기 위해서는 모든 위험부담을 임금노동자에게 뒤집어씌우는 수밖에 없다. 따라서 주주들은 경기에 상관없이 자산 대비 15~20%에 달하는 이윤이 보장되어야 한다고 주장하는 한편,[56] 임금노동자들은 임금이나 해고를 통해 구조조정의 부담을 짊어져야 한다. 암묵적 계약이론

게으름뱅이들을 몰아내자?

의 주장과는 정반대의 현상, 즉 노동계약은 결국 고용주나 주주들이 임금노동자에게 드는 종합보험이라는 것을 설명해줄 위대한 이론가는 어디에도 없단 말인가?

약삭빠른 노동자 이론[57]

　임금노동자는 겁쟁이일 뿐 아니라 약삭빠른 존재이기도 하다. 구체적으로 말해서 노동자는 노동시장의 **불완전성**을 활용하여 이득을 챙긴다. 이런 불완전성은 채용시 고용주가 채용에 응시한 사람들의 실질적 능력을 알 수 없기 때문에 발생한다. 진정한 적성, 실력, 부지런함 등 노동의 효율성을 결정하는 모든 자질을 알고 있는 것은 채용에 응시한 사람들 자신뿐이다. 이런 **비대칭적 정보** 때문에 약삭빠른 노동자들은 자신의 기여도보다 훨씬 많은 급여를 받을 가능성이 높다. 만일 고용주가 직접적으로 이들을 알고 있다면 이런 일은 벌어지지 않을 테지만 말이다.

　소위 **역선택**(antisélection)이라고 불리는 이 문제에 대해 고용주에게 무기가 없는 것은 아니다. 그들은 정보의 부족을 간접적으로 보충할 수 있는 효율적인 전략을 가지고 있으며 노동자들의 진정한 특징을 밝혀냄으로써 '사기 행각'을 제거하고 그들이 '정직'[58]하도록 만들 수 있는 방법을 가지고 있다.

고용주는 채용에 응시하는 후보의 특징을 개인적으로 직접 알 수는 없지만 전체 인구에서 노동자 '유형'의 분포는 알고 있다. 좋은 노동자와 나쁜 노동자의 비중 말이다. 실제로 후보자들은 이 유형과 상당한 연관성을 가지고 있다. 적어도 생산적인 노동자의 **예약임금**(이 임금 이하로는 일하기를 거부하는 임금)은 덜 생산적인 노동자의 예약임금보다는 높을 것이다. 왜냐하면 각각의 노동자는 어떤 방식으로든 자신의 진정한 가치를 인식하고 있으며, 그 능력으로 다른 기업에 가서는 어떤 대접을 받을 것이라든지 또는 기회가 되면 '자신의 기업을 만들어'[59] 얼마만큼의 소득을 올릴 수 있을 것인지 알고 있기 때문이다.

이러한 통계적이고 이론적인 지식을 바탕으로 고용주는 미래의 직원에게 제시하는 임금의 수준을 높임으로써 채용에 응시하는 후보자의 평균적 능력을 높일 수 있다는 것을 알고 있다. 이처럼 만일 70만원의 월급을 제시할 때 응시하는 노동자들은 다른 곳에서는 더 높은 소득을 올리기 어렵고, 통계적으로도 상대적으로 낮은 생산성을 가진 사람들일 것이다. 하지만 임금을 150만원으로 높이면 더 생산적인 노동자들(예약 임금이 70만원에서 150만원 사이에 있는)이 채용에 응시할 것이다. 응시자의 평균능력이 전체적인 노동생산성을 높이는 데 필요한 임금의 증가를 보상하는한 임금을 올리는 것이 고용주에게 득이 된다.

따라서 기업에서 최적의 임금 수준은(기업의 이윤을 극대화하는 임금 수준) 완전고용을 실현할 수 있는 노동수요의 균형점보다 높은 수준에 있을 수도 있다. 고용주가 결정한 임금 수준에서 일하려는 노동자들은 직장을 찾을 수 없을 것이다.

이 임금 수준은 당연히 하향 경직적이다. 그리고 직장을 찾지 못한 노동자들도 더 낮은 임금에 일할 수 있다고 말할 필요조차 없다. 왜냐하면 이런 태도를 보이면 이들은 자신이 덜 생산적인 노동자(그들의 예약임금이 낮다는 것은 낮은 생산성을 의미하는 것이 아닌가)라는 것을 드러내보이는 것이기 때문이다.

결국 실업이란 고용주들이 상품의 질에 대해서 사기를 당하지 않고 직원을 채용하기 위해 일부 노동자들이 치러야 하는 비용이다. 기업의 임금정책이 노동력의 선별장치로 작동하고, 노동자들은 고용주에게 자신에 대한 확실한 정보를 즉각적으로 주지 않기 때문에, 실질임금은 완전고용을 보장하는 수준보다 높은 수준에서 책정된다. 노동자의 질에 대한 불확실성을 감안한다면 실업은 노동시장의 구성요소가 된다.

이런 이론적 명제에서 출발하면 어떤 결론에 도달할 것인가? 이런 상황에서 임금과 노동의 관계를 다른 교환관계처럼 보는 것은 우스꽝스러운 일이라고 해야 하는가? 그리고 그 때문에 임금과 노동의 관계를 다른 방식으로 조직해야 한다고 결론내려야 하는가? 노동시장이 필연적으로 실업을 생산해낸다면 이 시장을 없애버려야 하는 것이 아닌가? 당연히 아니다! 무엇보다 중요한 것은 어떤 결론도 내리지 않는 것이다. 한가지 결론만 제외하고는 말이다. 실업이 존재한다…… 이것은 증명된 것이다. 이것이 바로 우리가 증명하려고 했던 것이 아닌가? 자, 보아라, 우리는 증명했다!

게으른 노동자 이론

노동이라는 상품의 특수성에 주목하는 이론들 가운데 최고의 이론은 노동자의 무관심과 게으름, 그리고 최소한의 노력도 회피하려는 성향을 문제삼는 이론이다. 이 이론은 다른 이론과는 차별화되는데, 적어도 하고 싶은 말을 하는 이론이라고 할 수 있으며 후세에 '게으름뱅이 모델'[60]이라는 간판을 달고 전해졌다.

게으름뱅이 모델(또는 이론)은 무한대의 상상력을 가진 게으른 노동자 이론의 부차적인 아류가 아니라 실제로 신실업이론의 성서적인 모델이다. 성서적이라고 말할 수 있는 것은 두 가지 이유에서이다. 우선 이 모델은 실업상태의 노동자들이 더 낮은 임금에 채용되는 것이 득이 되는 상황에서도 실질임금의 하향 경직성이 있다는 것을 설명한 최초의 시도라고할 수 있다. 두번째로는 이 모델의 구조가 여러 모습으로 돌변하면서 비슷한 실업이론들을[61] 만들어내는 데 기여했기 때문이다(이미 논의한 약삭빠른 노동자 이론도 여기에 속한다). 이러한 역사적 선구성과 준거틀로서의 역할은 게으른 노동자이론을 가장 널리 알려진 실업이론으로 만들었다.

이 가설의 시작은 토론의 여지가 없다. 노동자는 일종의 **노력에 대한 비효용**을 가지고 있다. 명확히 말해서 노동자들은 게으르다는 것이다. 우리가 쉽게 상상할 수 있듯이 이러한 사실은 고용주에게 심각한 문제를 야기한다. 왜냐하면 고용주가 노동시장에서 노동시간을 사고 노동자와 흥정한 시간당 임금을 지불하더라도 노동자들이 직장에 나와서 열심히 일하지 않는다면 아무런 도움도 되지 않기 때문이다. 임금노동자의 입장에서 보았을 때 이들이 **선험적으로** 노력의 정도를 조정할 수만 있다면(0에서부터 완전한 노력까지), 똑같은 임금을 받고 게으름을 피우는 것이 낫지 조금이라도 노력한다는 것은 바보 같은 짓일 것이다.

물론 이럴 경우 고용주가 그들을 해고할 수도 있다는 사실을 잊어서는 안될 것이다. 해고를 당하는 노동자의 입장에서 본다면 그것은 무관심과 게으름을 통해 누릴 수 있는 혜택보다 더 큰 손해이라고 할 수 있다. 실제로 고용주는 어느정도의 확률을 가지고 게으름 피우는 노동자들을 추출하여 즉시 해고할 수 있다. 그렇다면 속일 만한 여지가 단순히 존재하지 않기 때문에 별다른 문제가 없지 않느냐고 말할 수 있을 것이다. '현실에서는' 바로 이런 방식으로 일들이 진행되고 있다.

하지만 완전하게 기능하는 노동시장의 가설에 따르면 실업은 **선험적으로** 존재하지 않는다(우리는 2장에서 이를 충분히 보여주었다). 이런 상황이라면 노력하지 않는다는 이유로 해고를 당할 수 있다는 위협은 노동자들에게 아무런 협박도 되지 못할 것이다. 노력하지 않는 노동자는 다른 곳에 즉시 취직할 수 있을 것이고 그곳에서도 똑같이 행동할 수 있기 때문이다. 이럴 경우 경제가 어떻게 돌아갈지 한번 상상해보자. 노력을 장려하기 위한 동기 부여나 위협이 전혀 없는 상황에서는 아무도 최소한의 노력조차 하지 않을 것이다. 우리는 완전고용이라는 것이 프롤레타리아의 노력을 이끌어내기 위해서는 그다지 적합한 상황이 아니라는 것을 쉽게 이해할 수 있다.

다행히도 실업이 나타나서 이런 상황에 질서를 부여할 것이다. 이 과정을 두 부분으로 나누어 설명할 수 있다.

첫번째, 합리적인 고용주라면 사람들을 일하도록 만들기 위해서는 이들에 대해 신빙성이 있는 위협 수단, 즉 잘못할 경우에 경제적 비용을 치르게 하는 가능성을 가지고 있어야 한다는 것을 알 수밖에 없다. 실업이 존재하지 않는다면 노동자는 해고당하더라도 다른 곳에서 똑같은 임금(균형임금)에 똑같은 직업을 얻을 수 있다는 것을 알고 있으며, 따라서 노동자가 치러야만 하는 비용은 존재하지 않는다. 고용주에게 한가지 해결책이 있다면 그것은 매우 친절하게도 자진해서 노동자들에게 시장의 임금보다 높은 임금을 제안하는 것이다. 미친 짓인가? 전혀 그렇지 않다. 이 순간부터는 노동자가 게으름을 피우는 현장범으로 잡혀 해고를 당하게 되면 다른 곳에서 같은 일을 할 수는 있겠지만 더 낮은 임금을 받을 가능성이 매우 높아진다. 따라서 고용주의 입장에서 경쟁자들이 제시하는 임금보다 높은 임금을 주는 것은 매우 합리적인 선택이다. 임금의 상승이 노동자들의 노력을 유도하는한, 그리고 이로 인한 이득이 그 비용을 보상하는한, 임금은 계속 올라가야 한다. 해고당할 경우 바로 이러한 임금의 차이를 잃게 된다는 위협이 노동자의 노력을 촉진시키는 엔진이 되는 것이다.

하지만 우리는 이런 전략이 한 명의 고용주가 추진할 때는 제대로 운영될 수 있지만 모든 고용주가 동참하면 그 효율성을 잃게 된다는 것을 재빨리 발견하게 된다. 한 사람이 합리적으로 이런 선택을 하면 다른 모든 고용주도 같은 선택을 할 것이고, 이처럼 모든 고용주가 동시에 임금을 상승시키면 임금의 격차는 없어지고 노력을 추진하는 엔진도 사라질 것이다.

바로 여기서 논리전개의 두번째 단계로 진입한다. 모든 고용주가 동시에 노동자의 임금을 올리면 기업간의 임금 격차는 사라지고, 이와 동시에 각각의 기업 내에서 노력에 대한 동기부여 또한 사라지면서 실업이 나타날 것이다. 왜 그런가? 단순히 말해 기업들이 임금을 시장의 균형 수준보다 높였기 때문이다! 실업의 출현은 마침 필요했던 해고 싯점의 노동자들이 치러야 하는 경제적 비용을 제시하게 되는 것이다. 이로써 게으름을 피우는 노동자들에게 고용주가 휘두르는 해고의 위협은 신빙성을 갖게 된다. 달리 말해서 기업들이 임금 격차를 만들기 위해(결국 이 목적을 달성하는 데는 실패한다) 임금을 상승시키면서 구사한 전략의 결과라고 할 수 있는 실업은 실패한 이 임금정책 대신 노동자의 노력을 채찍질하는 엔진의 역할을 하는 것이다. 이 이론에 따르면 실업의 존재 이유는 명백하게 '노동자에 대한 규율장치'로 기능하는 것이다.

이런 식으로 이 이론을 소개하면서 우리가 추구하는 것은 이 실업이론의 메쎄지를 왜곡하자는 것이 아니다. 우리는 칼 셔피어로우(Carl Shapiro)와 조셉 스티글리츠(Joseph Stiglitz)라는 유명한 경제학자들이 1984년 『어메리컨 이코노믹 리뷰』(*American Economic Review*)에 발표한 논문의 제목을 그대로 사용했을 뿐이다. 이 논문의 제목은 정확하게 '노동자 규율장치로서의 균형실업'(Equilibrium unemployment as a worker discipline device)이다.

이 이론의 소개를 부연하는 것보다는 이 논문의 한 구절을 인용하는 것이 독자들에게 더 도움이 될 것 같다. 우리가 인용하는 문장을 경제학계의 논문에서 씌어지는 내용의 견본이라고 보면 된다. 이런 논의가 아직 길들여지지 않은 프롤레타리아를 겨냥하기 위해 고용주의 사주를 받아 '사상'적 측면에서 계급투쟁을 벌이려는 상상력이 풍부한 몇명의 미치광이들이 벌이는 것이라고 생각하면 곤란하다. 아니다. 이것은 어느 대학의 경제학 강의에서나 반복적으로 언급되는 이론들일 뿐이다. 이러한 엄청난 글을 직접 인용함으로써 우리가 목적했던 '대중의 교육'에 기여하는 것은 물론 지금까지의 논의에서 우리가 아무것도 꾸며낸 것이 없다는 확신을 독자들에게 심어줄 수 있으니 좋을 것 같다. 다만 우리가 너무 가볍게 주제를 다뤄서 오히려 우리의 목적에 해가 되지나 않을지 걱정되기는 한다. 어쨌든 이제 매우 신중한 글을 살펴보도록 하자.

"우리의 결과를 뒷받침하는 추측은 간단하다. 전통적인 경쟁의 틀 속에서는 모든 노동자들이 시장의 임금을 받고 실업자가 존재하지 않기 때문에 게으름을 피우는 노동자에게 닥칠 수 있는 최악의 상황은 해고를 당하는 것이었다. 하지만 그는 곧바로 다시 채용되기 때문에 자신의 잘못된 행동에 대해 어떤 벌금도 지불하지 않는다. 통제가 불완전하기는 하지만 완전고용이 보장된 상태라면 노동자들은 게으름 피우는 것을 선택할 것이다.

노동자들이 게으름을 피우지 않도록 유도하기 위해 기업은 '기존 임금'보다 더 많은 임금을 제공할 것이다. 이를 통해 게으름을 피우는 노동자가 발견되어 해고당하면 그는 벌금을 지불해야 할 것이다.[62] 하지만 임금을 올리는 것이 특정기업에게 득이 된다면, 다른 기업에게도 득이 될 것이다. 그래서 모든 기업이 임금을 인상하면 게으름을 피우지 못하게 하는 유인은 다시 사라져버릴 것이다. 하지만 모든 기업이 임금을 인상하면 그들의 노동수요는 줄어들어서 실업이 발생할 것이다. 실업이 생겨나면 모든 기업이 똑같은 임금을 지불한다고 해도 노동자는 게으름을 피우지 못하게 된다. 왜냐하면 해고당하면 곧바로 다른 직업을 구할 수 없기 때문이다. 실업률은 노동자에게 있어 게으름을 피우다 발각당하는 위험부담을 안는 것보다 열심히 일하는 것이 더 유리하도록 충분히 높아야 한다."[63]

우리는 이 마지막 문장을 읽고 또 읽고 원하는 만큼 다시 읽어 볼 수 있다. 그렇다고 독자들한테 책값을 더 받는 것도 아니다. 돈이 지배하는 시대에 존재하는 가짜 합의가 사회적 분쟁에 대한 모든 사고를 마비시켜버렸지만, 적어도 경제학자가 이런 마취의사의 역할을 했다고 볼 수는 없을 것이다.

충동적 노동자 이론

게으른 노동자 이론은 어떠했는가? 충동적 노동자 이론은 그보다 더 황당하다. 게다가 규모경제의 효과도 볼 수 있다. 왜냐하면 충동적 노동자 이론의 논리구조가 게으른 노동자 이론의 그것과 똑같기 때문이다. 효율적 임금이론*은 하나의 규격 모델에서부터 여러가지 형태로 변형될 수 있고 이런 규격 모델은 모든 경제학 교과서에 실려 있다. 충동적 노동자 이론의 버전을 살펴보자.

언제나처럼 우선 매우 상식적인 관찰로 시작해야 할 것이다. 최근 인사부장(아, 실수다! 아마 인적자원부장이라고 해야 할 것이다) 한 명이 고백했듯이 오늘날의 임금노동자(또 실수다! 협력자들이라고 해야지)들은 '기업에 대한 소속감이 없다'고 한다. 계속 상식적인 이야기를 한다면 20여년에 걸친 실업사태로 인해 노동자들이 당연히 기업에 대한 소속감을 잃게 되었다고 말해야 할 것이다.

하지만 신고전주의 경제학자[64]는 현실에서는 바로 그 반대

* '게으른 노동자 이론'의 구조가 변형되면서 만들어진 실업이론들을 말한다.

의 현상이 나타난다고 주장한다. 노동자들이 기업에 대해 소속감이 없기 때문에 실업이 생겨난다는 것이다.

왜냐하면 고용주가 노동자들에게 잘해주기 위해 어떤 노력을 하든 이들은 항상 다른 기업이 나은지 가서 일해보고 싶어하기 때문이다. 또한 노동자들은 다른 기업에 가면 같은 임금(시장의 균형임금은 어디서나 같다)을 받더라도 더 좋은 대접을 받을지도 모른다고 생각한다. 이런 종류의 각종 부수적 특혜(이는 일단 기업에 들어가보아야 발견할 수 있는 것이다)를 찾아 노동자들은 나비처럼 날아다니는 경향이 있다. 그런데 노동자의 이런 기회주의적 행동은 기업에 채용 및 훈련 비용이라는 부담을 안겨준다. 기업들은 이러한 비용을 줄이기 위해 노동자의 소속감을 강화할 필요가 있다. 소속감 강화 전략 중의 하나는 다른 기업보다 높은 임금을 주는 것이다. 추가임금 부담이 노동력의 잦은 교체로 인한 비용보다 적은한 이런 전략은 기업에게 득이 된다. 만일 모든 기업이 똑같은 전략을 쓴다면 소속감 강화의 효과는 없어질 것이다…… 하지만 그것은 표면적인 현상일 뿐이다. 왜냐하면 그 사이에는 전체적인 임금의 증가로 인해 실업이 늘어났을 것이며(기업은 임금이 인상되면 노동수요를 줄인다) 따라서 노동자들의 나비와

같은 행동은 줄어들 것이다.

논리의 핵심은 게으른 노동자 이론과 같다. 시발점에서 문제가 되는 것은 이직 현상이다. 전체적인 임금 인상은 이 비용을 줄이기 위해 기업이 추진하는 전략이다. 결과적으로 나타나는 실업은 노동자들을 똑바른 길로 인도하기 위한 진정한 추진력이다(임금의 격차가 없어진 다음에 남아 있는 유일한 추진력). 노동자들이 다른 직장을 찾아보려고 생각하면 일정 기간 동안 실업을 경험해야 하고 소득의 손실 또한 발생하는데, 이러한 손실을 피할 수 있는 것이 기존의 기업에 남아 있음으로 해서 얻을 수 있는 보너스가 된다.

우리는 이 이론에 빈정대는 듯한 시선을 보내서는 안된다. 그건 너무나 경박한 짓이다. 특히 요즘처럼 집단해고의 파고(波高)도 높고 주주들이[65] 15~20%에 달하는 자산대비 이윤을 요구(요구한다고들 하는데 진실이 어떤지는 알 수 없다)하는 상황에서 기업이 가장 효율적인 직원 해고방법을 찾고 있는 것이 아니라 그 반대로 직원들의 고용을 어떻게 유지할 수 있는지에 대해 설명하는 이론이 있다는 것은 얼마나 다행인가?

이런 식으로 아이러니를 지적하는 것은 우리가 이 이론을 전혀 이해하지 못했다는 것을 보여줄 뿐이다. 왜냐하면 경제학자가 우리에게 설명하려던 것은 다른 노동자들의 소속감을 높이기 위해서는 일부 노동자의 해고가 불가피하다는 것이었기 때문이다. 불행히도 노동자들은 이런 논리를 이해하지 못한다.

악한 노동자 이론

노동자들은 자신 때문에 동료들이 실업자가 되었다는 사실을 알게 되면, 나비처럼 가볍고 충동적인 자신의 성향으로 인해 누리고 있는 이익(임금의 인상분이며, 사실 같은 기업에 계속 소속됨으로써 누릴 수 있는 혜택)을 포기할 수도 있을 것이라고 생각해본다. 하지만 그것은 노동자들이 너무나도 착한 영혼을 가지고 있다고 착각하는 것이다! 편안하게 특권을 누리고 있는 이 **인싸이더들**은 자신의 특혜를 극대화하기 위해 **아웃싸이더들**을 괴롭히는 데 주저하지 않을 것이다. 이것이 바로 악한 노동자 이론이 조명하고 있는 부분인데, 이 이론은 더욱 무미건조한 '**인싸이더-아웃싸이더 모델**'[66]로 불리고 있다.

실업이 존재할 때 직장을 갖지 못한 노동자들, 즉 **아웃싸이더들**은 **인싸이더들**과 경쟁하기 위해 고용주에게 더 낮은 임금에 노동을 제공하려는 강한 유혹을 느낄 것이다. 이러한 임금 경쟁은 완전고용의 상태로 나아가도록 할 것이다. 그렇다면 실업이 지속적으로 유지되는 이유를 알기 위해서는 왜 이러한 임금의 하락이 이뤄지지 않는가를 살펴보면 된다.

그것은 **인싸이더들**이 우리가 상상할 수조차 없는 해악의 능력을 가지고 있기 때문이다. 만일 **아웃싸이더들**이 고용되기 위해 임금의 요구 수준을 낮추려고 하면 **인싸이더들**은 두 가지 방법으로 복수할 수 있다. 하나는 새로 들어온 노동자들과 열심히 **협력하는 것**을 거부하는 것이고(가령 이들에게 새로운 작업방식을 가르쳐주지 않는다든지), 다른 하나는 그들을 기분 나쁘게 하기 위해 **못살게 구는 것**이다. 그 결과 우선 기업에게는 노동력 이직으로 인한 비용의 증가를 가져오고(기존의 노동자가 새로운 노동자와 협력을 거부할 경우 이 비용은 더욱 높아진다), 다음으로 **아웃싸이더들**에게는 예약임금의 인상(미래의 동료들이 자신들을 괴롭힘으로써 발생하는 불쾌함을 보상하기 위한)을 가져온다. 달리 말해서 **아웃싸이더들**이 고용되기 위해 낮은 임금을 제시한다면, **인싸이더들**은 이들을 채용하는 기업으로 하여금 여전히 높은 비용을 치르게 만들거나(이들과의 협력을 제한함으로써), **아웃싸이더들**이 좋아하는 임금 인하의 맛이 어떤 것인지(못살게 구는 등의) 보여줄 것이다. 결과적으로 이들의 채용은 기업에 높은 비용을 안겨주고, **아웃싸이더들**이 당하는 고통은 임금 인상을 가로막기 때문에 실업은 균형적 상황이 된다.

종합적으로 보았을 때 기존 노동자의 해악 능력은 결국 불쌍한 자들의 실업 원인이 된다. 이런 상황이 부도덕하게 보일 수도 있는데, 이는 **아웃싸이더들**이 **인싸이더들**의 입장이라면 똑같이 행동할 것이라는 사실을 잊기 때문이다.

그래도 이 사실은 고백해야 한다. **인싸이더들**이 악한 노동자라고 말하는 것은 이 이론의 정신을 정직하게 반영한 것은 아니다. **인싸이더들**은 잠재적으로 악할 따름일 뿐이고 기본적으로는 이기적이다. 그들은 먼저 일자리를 구했다는 장점을 누리고 있고, 자신들이 가지고 있는 해악의 능력을 통해 갈취한 상황이 주는 이익(시장의 균형점보다 높은 수준의 임금)의 혜택을 보고 있을 뿐이다. 게다가 해악을 끼칠 수 있다고 해서 항상 악한 것은 아니지 않는가? 특히 실업이 존재하는 균형상태에서는 어떤 일이 일어나는 것도 아니다. 신규채용이 없으니 고통줄 일도 없고 비협조적 태도를 보일 일도 없다. 문제의 핵심은 위협에 있다. 만일 그런 일이 발생한다면······

이처럼 이 이론에는 공포영화에서나 나올법한 위협의 스프링이 여기저기 달려 있는데, 이런 위협은 보이지는 않지만 이 비극의 모든 것을 주도하고 있다. 따라서 우리는 일어날 수 있는 상황을 상상하며 공포를 느끼기도 하지만, 이와 동시에 겉으로 봐서는 정직해 보이는 노동자들이 일하고 있는 평화로운 현실을 감상할 수도 있다. 정말 어이가 없다!

하지만 마지막으로 고용주들을 위해 동정의 마음을 가질 필요가 있다. 어쨌든 이들은 이런 위협에 겁먹고 있으며, 결국은 노동자들에게 더 비싼 임금을 지불해야 하기 때문에 자신의 직원들에게 갈취당하고 있는 것이다. 부유한 노동자여, 불쌍한 자본가를 착취하지 말라!

실업은 문제가 아니라 해결책이다?

이젠 이와같은 신실업이론에 대한 검토를 마칠 때가 되었다. 이 주제는 끝이 없으며 이 이론을 계속해서 마음껏 뜯어먹을 수도 있었을 것이다. 그러나 독자의 식욕이 반드시 무한대라고는 볼 수 없기 때문에 선별적으로 소개할 수밖에 없었다.

독자들은 이러한 선별적 소개가 잘못되었다고 생각할지도 모른다. 하지만 이 문제를 연구하는 대부분의 경제학 전문가들도 우리의 선택과 전혀 다르게 소개하지는 않을 것이기 때문에 안심해도 된다. 여기서 보여준 것은 분명히 경제학 실업이론의 핵심이다.

물론 어떤 측면에서 보면 우리의 소개가 임금노동자의 잘못된 점을 지나치게 강조한 나머지, 결국 이런 단점 때문에 스스로 불행을 자초한다고 말한 것 같기도 하다. 또한 이런 방식으로 소개를 하다보니 과학적 연구의 중요한 차원을 무시했을 수도 있다. 특히 과학적 연구의 도덕적 여파라는 차원을 무시했을 것이다. 우리는 임금노동자가 가진 각각의 단점에 해당하는 실업의 유형을 소개하면서 이것이 **설명**의 차원임을 강조했다. 하지만 과학적 설명을 강조하다보니 독자들은 실업이론이 현실에서 가지고 있는 영원한 도덕적 차원을 제대로 보지 못했을지도 모른다. 그들이 겁쟁이이건 약삭빠르건, 또는 게으르거나 충동적이거나 못됐건 간에 중요한 점은 거지들은 항상 자신의 무능력의 댓가를 치른다는 점이다. 이미 벌을 받고 있는 상황에서 거지들을 욕할 필요가 있겠는가? 그들이 지은 죄와 그들이 받고 있는 벌을 보여주는 것만으로도 족할 것이다.

하지만 우리는 아직 두 가지 문제에 대해서 언급하지 않았다.

첫번째 문제는 죄와 벌의 상관관계에서 제기된다. 만일 노동계급의 악습이 실업을 생산해낸다면 노동계급의 좋은 점 (좋은 점이 조금이라도 있다고 가정한다면)은 이를 반대로 바꿀 수 있지 않을까? 장점이 단점을 극복하도록 하여 결국은 완전고용을 부활해내는 상황 말이다. 만일 노동자들이 악하지 않고 선하다면 어떤 결과가 나올까?

그럼에도 불구하고 결과는 다르지 않을 것이다. 선행의 보상 역시 실업이라는 결과를 초래할 것이다. 왜냐하면 노동자들은 매우 사악한 방법으로 선행을 하기 때문이다. 정의감을 가지고 있다고 하더라도(이런 종류의 이론에서도 노동자들이 이런 덕목을 가지고 있다고 가정하는 경우가 가끔 있다) 노동자들은 이 덕목을 왜곡된 방식으로 행하고 있다. **공정성의 모델**[67]이 우리에게 이를 보여준다. 왜냐하면 노동자들이 상호성을 지키려고 노력하고 임금만큼 일을 해서 고용주에게 보상한다고 할지라도 결국 실업은 발생하기 때문이다. 노동자들은 항상 자신의 기여를 너무 높게 추정하여 결국 자신보다 생산성이 더 높은 노동자가 받는 급여에 비추어 자신의 급여를 기대하게 된다. 따라서 기업가들은 노동자의 눈에 임금과 노동의 교환이 **공정하게** 보이도록 하기 위해서 경쟁 수준보다 더 많은 임금을 지불해야 한다. 경쟁 수준보다 높은 임금은 곧바로 실업으로 연결된다. 경제분야에서 공정성이란 개인적 기여의 가치와 한계생산성이 같아지는 수준이라는 것을 아직도 이해하지 못한 사람들은 이 사례를 자세히 살펴보아야 할 것이다. 누구든지 내면을 조금만 들여다보면 이러한 덕목이 제대로 실행되지 못하고 있다는 사실을 발견하게 될 것이기 때문에 실업이 그토록 심각해지는 것에 대해 놀라서는 안될 것이다.

　과학적 접근을 하다보면 너무 오랫동안 다음 문제를 외면하게 되는데, 두번째로 제기되는 문제는 한쪽에 대한 비판의 방향을 그 반대로 돌려보는 것이다. 임금노동자들이 극악한 기회주의자들이고 임금과 노동 교환의 불완전성을 악용하는 존재들이라면, 기업가들은 백조와 같은 존재란 말인가? 물론 이처럼 답을 미리 알고 있는 방향으로 나아가기 위해 어렵고 비용이 많이 드는 조사를 할 필요는 없겠지만, 그래도 아무리 믿어지지 않는 가설도 확인해보는 것이 과학인만큼 검토해보아야 하지 않겠는가? 여기서도 사람들이 가질 수 있는 몇가지 우려는 제외시키는 것이 바람직하다. 기업은 사기를 치지 않는다. 왜냐하면 사기치는 것은 기업에게 **최적의 전략**이 아니기 때문이다. 부연하면 기업은 명성을 지켜야 하기 때문에 기회가 있음에도 불구하고 노동자들을 속일 수 없다. 왜 그런가? 기업이 노동자를 속이면, 그 기업에서 일할 가능성이 있는 모든 노동자들이 이 사실을 알게 되기 때문이다. 이와같은 정보가 노동시장에 모두 알려지건, 그 기업에서 일하는 노동자들만이 알고 있다건 간에 언젠가 새로운 노동자들을 채용할 때나 기존 노동자들의 고용을 유지해야 할 때, 이들의 임금 수준을 높여야만 하기 때문이다. 만일 어떤 기업이 두 달에 한번만 월급을 준다고 하면 당신은 그 기업에서 계속 일할 것인가? 물론 아니다! 따라서 사기를 치는 기업은 임금 비용이 계속 높아지고 노동자의 동기는 약해지며, 결국에는 이윤이 감소할 것이다. 결과적으로 사기는 득이 되지 못한다. 사장님들의 정직함에 대해 의문을 제기하는 사람들은 이윤극대화의 원칙과 시장의 게임이 상호협조하여 도덕적 인간상을 창출해내는 것을 전혀 이해하지 못한 자들이다. 아멘!

자, 이제 신실업이론에 대한 논의를 마치기 전에 마지막으로 그 정치적 의미가 무엇인지 살펴보아야 한다. 그 의미는 엄청나다. 이 이론의 메씨지를 요약하면 실업은 불가피하다는 것이다.

왜냐하면 실업의 원인은 노동자의 본성과 임금 거래에 동시에 있기 때문이다. 노동자들은 게으르고 위험을 기피하려 하며, 임금 거래에는 불완전한 요인이 있을 수밖에 없기 때문이다(정보의 비대칭성, 채용비용, 훈련비용 등). 따라서 노동시장이 시장이라고 계속 주장한다면 실업은 이 노동시장과 동질적이라고 할 수 있다. 이러한 실업을 없애기 위해서는 할 수 있는 일이 없다. 사람들의 본성을 바꾸거나 노동계약의 상업적 '본질'을 파괴하지 않고서는 말이다. 이런 해결책을 제외한다면 어쩔 수 없이 실업은 어느 시대에나 그리고 어느 사회에나 운명적으로 존재할 수밖에 없는 것이다. 실업은 시장경제의 상시적이고 탈역사적인 조건이다.

그러나 사람들의 본성이나 상업적 관계의 본질을 통해 실업을 설명하려는 유형의 이론은 처음부터 그 존재가 부정될 수밖에 없다. 왜냐하면 실업은 항상 존재해왔던 것이 아니기 때문이다(이런 당연한 사실을 상기시키면서 웃어야 할지 울어야 할지 모르겠다). 자본주의의 역사를 살펴보면 실업이 있었던 시기와 (거의 완벽한) 완전고용의 시기가 교차하는 것을 발견할 수 있다. 인간의 본성이 경기에 따라 춤을 추었다고 가정하지(한동안은 게으른 노동자 세대가 나타났다가 다음에는

열심히 일하는 노동자 세대로 교체되는 주기가 반복된다고
말이다) 않는다면 위와같은 얘기는 아무것도 설명해내지 못
한다. 정말 아무것도 말이다!

　우리는 실업이론의 전문가들에게 이와같은 비판작업을 요
구할 필요조차 없다. 통찰력이 아주 조금만 있었더라도 그들
은 현재의 실업이(그리고 1983~97년 사이에 나타난 실업률
의 증가가) 생산의 가치 내에서 노동비용의 감소와 동시에 이
뤄졌다는 사실을 발견했을 것이다. 이는 실질임금이 생산성
향상의 리듬을 쫓아가지 못했다는 것을 의미한다. 그리고 이
것은 지금까지 살펴본 실업이론이 말하는 이유와 정반대의
방향으로 나아가는 것이다. 그러나 실업이론의 전문가들에게
는 이런 최소한의 통찰력조차 기대하기 어려운 것이 현실 아
닐까……

결론

이것이 바로 노동경제학이라는 거대한 신화가 말해주는 실업이야기이다. 실업은 노동자의 합리적 행동의 결과이다. 그들은 노동시장의 불완전성으로부터 혜택을 보려고 쉴새없이 노력하며, 나아가 그들의 악한 성향을 발휘하여 시장을 불완전하게 만들기도 한다. 이는 거지들이 합리적으로 동의하는 자기희생의 신화인 것이다.

'신화'라는 표현은 과장되어 보이기도 하고 실망스러워 보이기도 한다. 우리는 노동경제학의 거대한 신화가 사실은 경제학자들의 모임이나 노동경제학에서 득을 얻으려고 하는 권력자들 외에는 통용되지 않는다고 믿고 싶다. 하지만 이 신화의 상당수 요소들이 사회 전체에 스며들어 있다는 것은 의심의 여지가 없다. 이렇게 노동경제학이 만들어낸 학술적 조형물들이 기업의 각종 회의나 경제분야 언론의 사설 그리고 세상 질서에 대한 우리의 일상적 믿음 속에서 핵심을 형성하고 있다는 사실을 어찌 발견하지 못한단 말인가? 결국 이 신화는 우리가 이미 알고 있는 다음과 같은 사실을 말하는 것이 아닌가? 사회적 지원은 게으름을 조장한다, 사회적 비용이 너무 높아 제대로 고용할 수 없다, 아무것도 할 줄 모르는 사람들에게 주는 최저임금이 너무 높은 수준이다, 노동자들의 불행은 자신들의 악습 때문이다, 노동자들은 항상 더 많은 것을 요구한다, 실업자들은 일하고 싶어하지만 직장을 가진 자들은 게으름만 피우고 있다, 직위가 낮은 직원들은 더이상 기업에 충성하지 않는다, 등등. 그렇다면 학술적 신화가 사회조직의 마지막 단계까지 점차 확산되는 것인가? 그리고 아래로 확산되면서 결국은 가장 최악의 형태로 변하는 것인가? 그렇지 않다면 이것은 정말 신화이기 때문에 사회의 공동작품이라고 생각하는 것이 좀더 설득력있을 것이다. 이것은 신화의 합리화는 일부 석학들의 작품임에 틀림없지만 사실 이러한 상상은 군중의 심리에서 비롯되었다는 뜻이다. 석학들이 자신의 합

리적·과학적 접근은 군중의 심리와 차별화된다고 주장함에
도 불구하고 말이다.

이 신화의 담론은 실망스럽게 보일 수도 있다. 적어도 신화
라는 것이 현실에서는 전혀 효율적이지 못한 환상적 조형물
에 불과하며 무기력한 공상이라고 생각한다면 말이다. 하지
만 모스(M. Mauss)*의 말처럼 마술이 분명히 **실천적 사상**이듯
이,[68] 신화는 공동 존재의 규범적 반영이며, 공동체가 스스로
부여하는 이미지에 부합하기 위해 구체적으로 어떻게 행동해
야 하는지를 제시하고 있다. 신화는 어떤 행동을 해야 하며,
왜 그 행동을 해야 하는지를 정확히 말해준다. 우리는 앞에서
몇가지의 사례를 제시하였다.

우리가 실천적 사상이라는 신화의 기본적 차원을 보지 못한
다면 경제문제에 대해서는 아무것도 이해하지 못할 것이다.
왜냐하면 이 책에서 검토한 실업이론들은 정책적 조치를 지
향하는 세계관 속에서 실질적으로 강화되고 있기 때문이다.
그리고 이러한 조치의 결과는 어디서나 쉽게 발견할 수 있다.
마지막으로 그 지표를 하나 제시하면, 현재 유럽의 통화정책
이 가장 대표적인 경우라고 할 수 있다.

*프랑스에서 사회학의 기초를 다진 초기 멤버 중의 한명이다.

경제성장의 기조가 간신히 잡히고 실업률이 겨우 줄어들기 시작하는 상황에서 유럽중앙은행은 몇달 전부터 점진적으로 이자율을 인상하고 있다. 공식적으로는 인플레이션의 기대심리를 차단하기 위해서라고 말한다(또는 그들만이 기대하고 있는 인플레이션을 차단하기 위해서일지도 모른다). 유럽중앙은행은 유령사냥에 뛰어난 사냥의 예술가들이다. 그들은 육체적인 노력이 전혀 필요없는 황당한 증명만 하면 된다. 그러면 늪에 빠질 일도 없고 사냥감을 포획할 일도 없다. "인플레이션을 보셨나요?" "아뇨, 도망가게 만들었어요!" 이것이야말로 유럽중앙은행 정책을 제대로 해석한 것이라고 할 수 있다. 이 기관의 수석 경제학자는 "중앙은행에게 인플레이션은 항상 살아 있다"라고 말함으로써 이런 개연성을 더욱 높여준다. 하지만 우리는 각종 유령들이 거리에 가득한데도 불구하고 평화롭게만 지내던 은행책임자들이 왜 하필 인플레이션의 유령을 무덤에서 끄집어내려 하는지에 대해 생각해보아야 한다. 유럽중앙은행의 이자율 인상 정책이야말로 임금 인상의 기대를 없애기 위한 "자연 실업률"[69] 교리에 확실하게 기초하고 있는 것이 아닌가?

이 교리에 따르면 실업이 어떤 단계 이하로 줄어들면(프랑스의 경우 기분에 따라 8%~10%라고 추정된다) 임금 인상의 요구가 확산되고 따라서 인플레이션이 발생하게 된다. 우리는 이제 이런 논리를 쉽게 이해할 수 있다. 이론적으로는(만일 노동시장이 완벽하게 기능한다면) 실업자가 한 명만 존재하더라도 임금이 하향 조정되어 완전고용이 즉시 회복될 수 있지만, 현실적으로는 노동시장의 불완전성 때문에 이와같은 훌륭한 기제가 작동하지 않는다는 것이다. 노동조합이나 시장에 기생하는 수많은 제도들 때문에 노동자들은 임금 인하라는 양보를 하기 전까지는 '높은 수준'의 저항을 할 수 있는 것이다. 그러다 실업률이 이 수준 이하(8% 또는 10%)로 내려가면 실업에 대한 공포가 줄어들고 따라서 임금 인상을 얻을 수도 있게 된다. 이것은 이 수준 이하로 실업률을 줄이려고 하면 결국 임금 인상 요구를 즉각 촉진하게 된다는 말이다. 이것은 '우리 모두가 잘 알고 있듯이' 인플레이션을 촉발시킨다.

이야말로 통화당국이 가장 우려하는 바가 아닌가? 성장으로 실업관련 위험이 줄어들면서 임금으로 인한 인플레이션이 다시 시작되는 것 말이다. 유럽중앙은행의 한 책임자가 세번째 이자율 인상 발표 이후에 말한 내용을 보면 이런 우려를 정확히 발견할 수 있다. "유럽중앙은행이 인플레이션 비율을 중기적으로 2%이하로 유지하기 위해 모든 노력을 다할 것이라는 점을 노동자나 고용주에게 알리는 것이 중요했다." [70] 빔 두이젠베르크(Wim Duisenberg) 유럽중앙은행 총재는 바로 이 자율 인상 발표 전에 가진 기자회견에서 "노동시장에 대한 미래의 방향을 보여주는 경고였다"고 밝힌 바 있다. [71] 경제성장과 실업의 감소가 간신히 시작된 상황에서 이처럼 잔치는 끝났다고 말하거나, 임금 인상을 막기에는 이미 고용 수준이 너무 높다고 앞서서 판단하고 발표하는 것은 임금 인상 현상이나 그 성격에 대해 오판하는 것이 아닌가? 누가 임금 인상이 시작되었다거나 가까운 미래에 시작될 것이라고 말할 수 있는가? 그리고 특히 누가 임금 인상은 인플레이션을 유발한다고 말할 **권리**가 있는가?

경기 회복기에 임금이 인상되어도 물가상승을 유발하지 않을 이유가 적어도 세 가지나 된다. 첫째, 노동시장에서 특정 직종에 인력이 부족한 왜곡현상이 발생할 수 있다. 그러면 이 직종에 있는 노동자들의 임금은 인상되며 이러한 임금의 격차를 통해 다시 왜곡현상이 줄어들게 된다(기업과 노동자는 교육과 채용 선택을 재조정하게 된다). 이로 인한 인플레이션은 없다. '가격과 임금이 전체적이고 누가적으로 인상'되는 것이 아니라 단지 다양한 종류의 노동에 대한 상대적인 가격 변화가 일어날 뿐이다. 둘째, 실업이 존재하던 기간 동안 상당 수의 노동자들은 자신의 실제 능력보다 못한 직종에서 일해 왔다. 왜냐하면 기업들은 특정 직종에 사람을 채용하면서 실제 필요로 하는 것보다 높은 능력의 노동자를 실업자군에서 채용할 수 있었기 때문이다. 그러나 경기회복으로 인해 자신의 능력에 적합한 일자리가 생겨나면서 이들의 임금은 '정상적'으로 인상될 것이다. 이것 또한 인플레이션이 아니라 좀더 효율적인 노동자의 활용으로 인한 생산의 증가와 관련된 임금의 정상화라고 하겠다. 마지막으로 가장 중요한 것은 실업률의 지속적인 증가로 인해 나타난 비정상적 상황을 부분적이나마 정상적으로 돌려놓으면서 인플레이션과는 상관없는 임금 인상이 나타날 수 있다는 것이다. 지난 20여년 동안 기업의 부가가치의 분배에서 임금의 비중은 엄청나게 줄어들었다. 노동자에게 돌아가는 부가가치의 비중은 고용주나 금융가의 부가가치에 비해 8%나 감소했다.[72] 그 원인은 실업의 증가와 매우 높은 이자율로 설명할 수 있다. 높은 이자율은 노동의 결과에 대해 더 많은 이자를 떼어갔으며, 실업은 노동시장에서 노동자의 역학관계를 약화시켰기 때문이다.

그렇다면 유럽중앙은행의 목적은 인플레이션 저지가 아니라 과거로의 복귀나 정상화를 막으려는 것이 아니겠는가? (시민을 대표한다는) 유럽중앙은행이 인플레이션의 붉은 깃발을 흔들면서 노동자에게 득이 되는 부가가치의 분배라는 검은 시나리오를 예측하여 이를 좀더 효율적으로 막으려는 것이 아닌가 말이다. 이러한 추측이 정확하다면, 자본주의 시장경제에서 가장 중요한 쟁점(부가가치를 놓고 벌이는 임금-이윤-이자 사이의 분쟁)의 관리를 현명한 은행가들의 전문적 판단이라는 정치권의 마지막 보루로 넘김으로써 분쟁 자체를 은폐하려는 시도가 빠른 속도로 위험한 장난이 되어버릴 가능성이 매우 높다.

왜냐하면 이제 시민들은 이 거대한 소용돌이의 주요 행위자(경제협력개발기구와 국제투자협약계획, 국제통화기금과 구조조정정책, 세계무역기구와 신자유주의적 세계화)들을 지목하면서 자유주의 세계화의 가면을 벗기기 시작했고, 빔 두이젠베르크가 "노동시장에 대한 경고"라는 표현을 사용하면서 말하고자 한 메씨지도 좀더 잘 이해하게 되었기 때문이다. 이제는 노동시장과 시민들이 두이젠베르크에게 경고를 보내야 할 차례가 아닐까?

주(註)

1) 몰리에르(Molière)의 희곡에 나오는 가짜 의사들이 라틴어를 사용하여 "Ossabandus, nequeys, nequer, potarium, quipsa milus. 이것이 바로 당신의 딸이 귀머거리인 이유입니다"라고 말하는 것과 마찬가지로 경제학에서 수학을 사용하는 것은 초보자에게 신화적인 기능을 수행한다. 또한 경제학을 알고 있는 사람들에게도 수학의 사용은 진실의 느낌을 주는 데 꼭 필요한 증명과정의 성역화에 기여한다.

2) *Le Monde* 1999년 12월 28일자.

3) *Le Monde* 2000년 1월 13일자.

4) *Le Monde* 2000년 2월 12일자.

5) *Le Monde* 2000년 2월 22일자.

6) 알랭 맹끄(1987, 133면)가 매우 심각하게 지적하고 있듯이 이러한 실업의 시기에 일자리를 갖고 있다는 것, 게다가 안정적인 일자리를 갖고 있다는 것이야말로 특권이자 '사치'가 아닌가? "이상적이고 환상적인 세상이라면 공무원들은 그들이 누리는 법적 보호의 댓가로 더 적은 임금을 받고 더 많은 세금을 내야 할 것이다. 하지만 공무원들은 두려워할 필요가 없다! 어떤 정부도 이런 방향으로 나아가지 않을 것이다. … 그리고 어떤 정치인이 10% 이상의 실업률이 있는 경제상황에서 평생직을 가지고 있는 인구의 1/4이 용납할 수 없는 사치를 누리고 있다고 말할

수 있겠는가?" 알랭 맹끄의 논리를 따르자면 평생직을 갖고 있는 일부 사람들의 사치가 실업상태에 있는 다른 사람들의 불행과 비교되어야 하는데, 그렇다면 일부 사람들의 사치를 높이기 위해 다른 사람들의 실업을 늘려야 하는지도 모른다. 이야말로 신국부론이라고 할 만하지 않은가!

7) 여기서 교육기간은 이자율에 따라 결정된다. 왜냐하면 교육기간은 교육의 비용과 교육을 통해 평생 일하는 기간 동안 기대하는 소득의 증가를 이자율을 통해 계산한 가치와 비교되기 때문이다. 따라서 합리적인 학생이 1년 더 학교에 다니겠다고 결정하려면 다음과 같은 조건이 충족되어야 하는 것은 '매우 당연한 일'이다:

$$\sum_{i=a+1}^{R} \frac{We-Wc}{(1+r)^{i-a}} \rangle Wc+C$$

여기서 r은 이자율, We는 1년의 추가교육에 따른 기대임금, Wc는 1년의 추가교육을 받지 않았을 때 기대할 수 있는 임금, C는 교육관련 비용, a는 결정을 내릴 당시 학생의 나이, R은 예상되는 퇴직 연령이다. 이에 따르면 이자율이 높을수록 학생은 교육기간을 단축하려 할 것이다. 왜 이 공식을 모든 교육정보센터의 입구에 붙이지 않는지 이해할 수 없다. 그러면 상담을 하는 공무원들의 작업이나 소비자와 학생들의 선택이 더욱 쉬워질 텐데 말이다.

8) 애덤 스미스(Adam Smith)가 이 문제에 대해 거의 모든 이야기를 했지만(1776, 제1권 제10장) 인적자본이론은 게리 베커(Gary Becker 1964)가 공식화했다고 볼 수 있다.

9) 우리는 5장에서 이 가설을 다시 검토할 것이다. 특히 현대의 경제학자

들이 어떤 목적을 가지고 얼마나 교묘한 방법으로 이 가설을 제외시켰
는지 살펴볼 것이다.

10) 소비와 여가 사이의 조절에 관한 이론은 '너무나 일반화'되어 있기
때문에 특정 경제학자의 것이라고 말하기는 어려울 것이다. 그러나 이
미 왈라스가 '개인적 자본'이 생산적 용역으로 공급되는 것을 설명하는
이론으로 소비-여가 조절론이 충분하다고 보았다는 것은 확실하다.
"[개인적 자본의] 용역은 각 개인에게 있어 직접적인 효용을 제공한다.
… 사람들은 개인적 능력의 전부 혹은 일부를 마음대로 빌려주거나 간
직할 수 있다." (Walras 1900, 209면)

11) 경제학자는 이를 선호곡선의 볼록함(la convexité des préférences)이
라고 부른다. 개인의 만족도를 유지하면서 한 재화(여기서는 여가)를
다른 재화(소비)로 대체하기 위해서는 전자의 단위를 하나씩 줄일 때마
다 쉴새없이 후자의 '양'을 늘려야 한다. 노동자는 분명히 자신의 이득
을 높이려는 욕심을 가지고 있지만, 그럼에도 불구하고 여러가지 다른
재화도 가지고 싶어 하는 상당히 정상적인 사람이다. 결국 선호곡선의
볼록함은 이러한 노동자의 취향을 수학적으로 표현한 것이다. 하지만
이는 '인간의 본성'에 대한 단순한 발견이 아니라 하나의 가설이라고
할 수 있다. 이 가설이 있어야만 노동자가 노동과 여가 사이에 조절을
할 때 특정한 임금 수준에서 이에 해당하는 유일한 최적의 계산이 나온
다는 주장이 성립된다.

12) 이것은 버터의 가격이 올라가면 사람들이 마가린을 사는 것과 같은
이치이다.

13) 경제학자들은 대부분 이런 경우가 현실적으로 빈번하다고 결정해버
리는데 그 이유는 첫째, '좋은 결과'를 얻기 위해서는 정말 이런 결정이
필요하기 때문이고 둘째, 이것이 더 멋있어 보이기 때문이다. 하지만 노

동공급의 증가는 필연적인 것이 아니며, 특히 선호곡선의 볼록함에서 연역될 수 있는 것도 아니다.

14) 고용주는 한 시간의 노동에 대해 9,999원을 지불하더라도 여전히 1원을 벌 수 있으며, 따라서 고용주의 채용 의욕은 끝없이 작용한다.

15) 여기서는 모든 노동자의 생산성이 같다고 가정된다.

16) 한계생산성에 기초한 임금이론은 경제학자들의 '공동의 작품'이라고 할 수 있으며 여러가지 우여곡절을 거쳐 20세기 초에 형성되었다. 이러한 과정에 대해서는 슘페터를 참고하라.(Schumpeter 1954, t. III, chap.VI, section 5).

17) 일부에서는 이를 하나의 법칙이라고 주장하고 있지만 사실은 하나의 가설일 뿐이며, 우리가 쉽게 추정할 수 있듯이 이 가설의 주요한 덕목은 일부에서 원하는 결과를 제공해준다는 데 있다.

18) 이 방향으로 계속 나아가다 보니 이제는 비자발적 실업자들이 존재한다는 사실 자체가 경제학의 담론에서 잊혀져버리는 것 같다. 밀턴 프리드먼은 케인즈가 도입한 자발적 실업과 비자발적 실업의 구분이 거시경제학의 발전에 기여했냐는 물음에 "나의 경우에는 이 구분이 그다지 유용하다고 생각해본 적이 없지만, 다른 사람들은 어떻게 생각할지 잘 모르겠다"고 답했다. 이 대답을 보면 정말 프리드먼이 무척 조심스럽거나 매우 예의바른 사람이라고 생각하지 않을 수 없다. (B. Snowdon, H. Vane et P. Wynarczyk, 1997, 194면)

19) 시장이 존재하기 위해서 필요한 '기술적' 가설들을 아주 단순하게 검토해보면 다음과 같다. 임금노동자의 선호관계의 완벽성과 곡선의 볼록함, 재화에 대한 욕구, 생산자에게 있어 규모경제의 부재, 요소의 한계생산성 감소 등. 제도적 가설 중에는 계약체결의 자유, 자유로운 경쟁, 가격에 대한 완벽한 정보, 행위자의 분자성(또는 행위자의 자유로운 출

입) 등이 있다. 좀더 상세한 목록을 보려면 게리앵(B. Guerrien 1989)이나 펠프스(E. S. Phelps 1990)를 참고하라.

20) 경제학을 잘 알고 있는 독자들은 이러한 구분에 대해 의문을 제기할지도 모른다. 여기서 내가 신고전주의 경제학자라고 부르는 사람들은 "실업이 존재하기 위해서는 필연적으로 임금이나 가격에 명목상의 경직성이 존재한다"고 믿는 자들이다. 여기에는 기존의 신고전주의 경제학자들뿐 아니라 '통합' 경제학자들이나 대부분의 신케인즈주의자들이 포함된다.

21) 내가 케인즈주의자라고 부르는 경제학자들은 정말 케인즈의 『일반론』(Théorie Générale)을 읽은 사람으로서 케인즈와 마찬가지로 **명목임금과 가격의 경직성이 없음에도 불구하고** 경제에 실업이 창출되는 상태가 존재한다고 믿는 자들이다. 달리 말해서 실업을 명목임금이나 실질임금의 경직성에서 비롯된다고 생각해서는 안된다는 것이다. 이 두 문장을 읽고 고개를 갸우뚱거리는 경제학자들은 『일반론』의 제2장과 제19장을 다시 읽어보기 바란다. 제19장의 제목은 '명목임금의 변동'이다

22) Sonnenschein(1972, 1973) Mantel(1974) Debreu(1974) 등을 참고하길 바란다.

23) Samuelson (1969), 606~607면.

24) 경제협력개발기구는 1994년에 출간된 '고용보고서'에서 회원국들이 "임금과 노동비용의 유연성을 제고해야 한다"고 주장하면서 특히 프랑스를 지목했다. 이를 위해서는 "재분배의 목표를 달성하기 위한 수단으로서 최저임금제의 역할을 재고해야 한다. 현 상황에서 최저임금을 감소하는 것이 어렵겠지만 최저임금의 감소는 고용상황의 개선 가능성을 높여줄 것이다. … 또한 최저임금이 연령과 지역에 따라 다르도록 조정해야 청년층과 생산성이 낮은 지역의 고용 가능성을 높일 수 있다."

25) Béatrice Majnoni d'Intignacio (1997), 128면. 월간지 *Alternatives économiques*는 1998년 10월호에서 최저임금제에 관한 '거대한' 생각들을 종합적으로 보도했는데, 그 덕분에 우리의 연구가 훨씬 수월해졌다. 따라서 이 기회에 감사의 마음을 표한다.

26) Alain Minc (1987), 45면.

27) 수요의 탄력성은 가격이 1% 변할 때 수요량의 변화는 몇 %인지를 나타내는 것이다.

28) 노조의 행동을 분석하는 연구의 창시자는 던롭이다(Dunlop 1944). 이 연구는 이른바 **경영권**(de droit à gérer) 모델을 통해 발전했는데, 이 모델에서는 고용주는 고용 수준을 결정하고 노조와의 협상은 오직 임금에 관해서만 진행된다(Nicksell and Andrews 1983). 고용주가 경영권마저 박탈당하고(!) 노조와 고용 수준까지 협상할 경우는 **최적 계약** 모델이라고 불린다 (McDonald and Solow 1980).

29) Malthus (1803), 17면.

30) 최저임금제가 임금의 유연성을 가로막는 유일한 장애요소는 아니다. 뒤에서 이에 대해 좀더 상세히 살펴보도록 하겠다.

31) 르노는 1998년에 전세계으로 220만대의 자동차를 판매했으며, 138,321명을 고용하고 있었다.

32) 이것은 펠프스(E. S. Phelps 1990, 263면)의 표현이다.

33) 꼬리일꾼은 프랑스에서 턱일꾼이라고 부르기도 하는데, 그 이유는 피아노를 옮길 때 일꾼의 턱이 피아노에 닿기 때문이다.

34) 여기서 우리는 한 사람이 두 가지 능력을 모두 가질 수는 없다고 가정한다.

35) 여기서는 굳이 한계생산성이라고 말할 필요가 없다. 왜냐하면 피아노를 옮긴다는 단지 한 단위의 재화만을 생산하면 되기 때문이다.

36) 이 사실은 일반인들이 경제학에 대해 갖고 있는 컴플렉스를 벗어던져 버려도 된다는 것을 보여준다. 경제학이 여러 복잡한 과정을 거쳐 두 명의 합리적인 행위자들이 1원을 나눠 가지기 위해 흥정을 하면 결국 50대50이라는 결과에 도달한다는 결론을 내리는 데는 1982년 루빈스타인 (A. Rubinstein)의 「흥정 모델에서의 완벽한 균형」(Prefect equilibrium in a bargaining model)이라는 논문을 기다려야만 했다. 대단한 노력의 결과임에 틀림없다. 경제적 합리성의 가설은 문제를 무척이나 복잡하게 만드는데, 특히 경제 행위자들이 합의에 도달하기 위해서는 거의 무한대의 시간을 협상에 할애할 수 있어야 한다. 또한 시간이 흐를수록 행위자들은 손해를 보아야 하는데 그것은 1보다는 적지만 최대한 1에 가까워야 한다. 이런 조건이 모두 충족되어야 이들은 1원을 반반씩 나눈다는 합의에 즉각 도달할 수 있다.

37) 하지만 이런 팀을 형성하기는 어려울 것이다. 왜냐하면 게임이론가들이 말하듯이 모든 '연합'은 연합에서 제외된 행위자의 새로운 제안으로 붕괴될 수 있기 때문이다. 이럴 경우에 기획자는 어떤 연합이 형성되어야 하는지를 '임의적으로 선택'해야 할 것이다. 이는 하나의 새로운 사업가 이론을 만들어내는 것과 같은데, 이런 이론은 존재하지 않지만 상당히 현실적인 이론으로 보인다.

38) 전혀 말장난을 할 생각은 없다.

＊불어에서 '나사를 돌린다'는 표현은 '무척 열심히 노력한다'라는 의미도 갖고 있다.

39) 이런 이론을 강화하기 위해서는 쌩-시몽(H. de Saint-Simon)의 지적을 극복해내야만 할 것이다. 쌩-시몽은 "실제로 왕의 형제보다 왕의 형제라는 기능을 제대로 행사할 수 있는 프랑스인은 무척 많다"고 주장했다. 이러한 지적은 아직까지도 대단히 현실적이지만 우리의 이론과는

맞아떨어지지 않는다.

40) 이러한 경향은 완전고용의 시절이라고 생각되는 영광의 30년* 기간 에도 나타난 바 있다. 실제로 피아노 이사의 경우에서 보았듯이 이론적 으로는 **단 한 명의 과잉 노동공급**도 그 분야의 임금을 폭락시킬 수 있다. 따라서 기술이 발전하는 분야에서 노동력이 약간 부족하고 다른 분야 의 노동력이 약간 과잉이라면 임금의 차별화는 폭발적으로 나타난다. 이 기간 동안 최저임금제는 임금의 이런 폭발적 차별화를 막는 데 기여 했고 간접적으로는 생산품의 판로 문제를 해결하는 데 기여했다.

　* '영광의 30년'이란 프랑스가 나찌 독일에서 해방된 1940년대 중반 부터 유가파동으로 경제위기가 시작된 1970년대 중반까지의 30여년 을 지칭하는데, 이 기간은 역사상 유래가 없는 지속적인 경제성장과 완전고용의 시기였다. 이 표현은 장 푸라스띠에(Jèan Fourastie)라는 경제학자의 저서에서 비롯되었다.

41) 누가 '나사 돌리는 것'이 '돈 세는 것'보다 덜 생산적이라고 말할 수 있는가? 결국은 상업적 게임의 결과로서 이들의 소득 차이를 제시할 수 밖에 없지만 이는 적절한 이유가 될 수 없다.

42) 또는 노동시간을 감축해야 한다.

43) 이러한 '혜택'에는 그의 대체소득과 여가가 제공하는 효용의 화폐적 가치가 포함된다.

44) 공급과 수요가 같아지는 임금을 말한다.

45) 경제협력개발기구 *Étude sur l'emploi*, 1994.

46) 우리의 예에서는 119만원으로 가정하였다.

47) 28만원은 그들이 누리는 실업수당을 포기하기 위한 것이고 9만원은 여가를 희생하는 데 대한 댓가이다.

48) INSEE, *Enquete emploi*, 1998년 5월호.

49) 프랑스 고용주들은 고용복귀 지원계획을 실행하려고 추진하는데, 그들은 이를 통해 수당을 받는 모든 실업자들이 실제로 일자리를 찾아 적극적으로 나서야 한다고 주장한다. 그 댓가는 무엇인가? 이것으로 모든 실업자들에게 실질적인 일자리를 제공할 수 있다는 말인가? 신기하게도 고용주들은 이런 형태의 상호성에는 관심이 없어 보인다.

50) 물론 블레어는 최저임금제를 부활시키기는 했지만……

51) 이 이론은 1970년대 초반에 머콜(McCall 1970)과 모든슨(Mortensen 1970)에 의해 개발되었다. 프랑스어로는 **고용탐사이론**(théorie de la prospection d'emploi)이라고 한다.

52) 한 달을 기다려서 일자리를 찾을 수 있는 비율이 80%라면 100%의 확률을 갖기 위해서는 1.25달을 기다려야 한다.

53) 하지만 뒤에서 볼 수 있듯이 이러한 과학의 발전이 신고전주의 이론에 대한 비판을 필요없게 하는 것은 아니다. 왜냐하면 이런 인식은 기존 경제학이론에 문제를 제기하기 보다는 단순히 기존의 실업이론을 보완하고 이에 새로운 이론을 첨부하는 데 불과하기 때문이다.

54) 맑스에게 이 상품은 노동력이다.

55) 실제로 이 계약은 암묵적인 것이다. 따라서 베일리(Baily 1974), 고든(Gordon 1974), 애저리어디스(Azariadis 1975) 등의 선구적 연구를 중심으로 발전한 이론들을 암묵적 계약이론이라고 부른다.

56) 이런 재정 비율은 기업의 재정적 이윤을 보여준다. 기업의 자산이란 주주들이 기업에 제공한 자금과 과거의 이윤 중에서 주주들에게 분배되지 않고 재투자된 자금을 합한 것을 말하며, 이 비율은 '기초투자와 재투자가 합해져서 생긴 이윤에 대한 이윤'을 나타낸다.

57) 이 이론의 창시자는 바이스(A. Weiss 1980)인데 그 이후에는 이런 명칭이 사용되지 않았다. 전문가들은 이를 효율적 임금이론의 한 변형으

로서 역선택이론이라고 부르기를 선호한다.

58) 이런 표현들은 이 이론들이 사용하는 용어를 그대로 인용하는 것이다.

59) 여기서도 이 이론가들의 표현을 그대로 인용한다.

60) 물론 일부 경제학자들은 아직도 이런 표현에 따옴표를 사용하곤 한다.

61) 일반적으로 이 이론들은 효율적 임금이론이라고 불린다.

62) 또한 그는 똑같은 임금을 지불하는 직장을 얻을 수 없을 것이다.

63) C. Shapiro & J. Stiglitz, "Equilibrium Unemployment as a Worker Discipline Divice," *American Economic Review* vol. 74 (1984), 433~34면.

64) 이 경우에는 Salop (1979)을 들 수 있다.

65) 고용주들은 그들의 어두운 목적이 사실은 금융시장에서 요구하는 조건에 있다며 이러한 핑계를 찾아 좋아하고 있으며, 이것이 새로운 '인적 자원 관리'라고 주장하고 있다.

66) **인싸이더들**은 직장을 가지고 있는 노동자들이고, **아웃싸이더들**은 실업자들인데…… 물론 이들은 당연히 그들 대신 자신들이 **인싸이더**가 되기를 원하고 있다. 이런 **인싸이더-아웃싸이더** 모델은 린드벡(Lindbeck)과 스노우어(Snower)의 작품(1986)이다.

67) 이는 아어컬로프(Akerlof)와 옐런(Yellen)의 작품(1990)이다.

68) Marcel Mauss, *Essai sur le don*, 9th édition (Paris: PUF 1985). 초판은 1923~24년에 출간된 *L'Année Sociologiqué*의 두번째 씨리즈 내에 속해 있다.

69) 이러한 교리는 프리드먼의 논문(Friedman 1968)에서 형식화되었다.

70) *Les Échos*, 2000년 3월 17~18일자.

71) 2000년 2월 3일에 개최된 유럽중앙은행 기자회견. www.ecb.int
72) 이것은 이 기간 동안 생산된 부의 분배에서 사회복지세를 포함한 임
금의 비중이 68%에서 60%로 감소되었다는 것을 의미한다.

옮긴이의 말

 이 책을 읽으면서 처음 드는 느낌은 통쾌함이다. 머리와 가슴을 동시에 짓누르는 듯한 무게를 떨쳐버리는 것 같은 느낌이다. 그동안 하고 싶었지만 못했던 말들, 반박하고 싶었지만 어떻게 반박해야 할지 방향을 잡을 수 없었던 말들을 누군가가 대신 명쾌한 논리를 가지고 후련하게 소리쳐주는 것 같다. 그러면서 마음에 응어리졌던 부분이 조금은 풀리게 된다.

 번역 여부를 결정하기 위해 출판사로부터 받은 이 책을 저녁부터 읽기 시작했는데 새벽이 될 때까지 도무지 손에서 뗄 수가 없었다. 이 책은 통쾌하기도 하지만 동시에 배꼽을 쥐고 웃을 만큼 재미있기 때문이다. 특히 밤새 눈을 비벼가며 내일 시장에서 주거나 받을 임금을 계산하는 고용주나 노동자의 모습은 너무나 인상적이다. 이런 사례를 통해 꼬르도니에는 경제학자들이 가정하고 있는 인간의 본 모습이 얼마나 비현실적인가를 신랄하게 비판한다.

언제부턴가 우리는 인간을 '호모 에코노미쿠스', 즉 자신의 이익을 극대화하기 위해 언제나 합리적으로 계산하고 생각하여 결정을 내리는 인간으로 가정하게 되었다. 이같은 '경제학적 인간'은 경제학자들이 현실을 설명하기 위해 이론적으로 가정한 하나의 유형일 뿐이다. 그러나 경제학이 인간과 사회를 설명하는 주요 학문으로 성장하면서, 그리고 특히 현대사회를 지배하는 권력자들이 자기 합리화를 위해 경제학자들을 대거 동원하기 시작하면서 어느새 이런 '이론적 가정'은 '현실'로 탈바꿈해버렸다.

최근들어 이처럼 주객이 전도되는 현상은 더욱 심각한 상황에 빠지게 되었다. 단순히 이론적 가정을 현실로 간주해버리던 상황에서 이제는 아예 현실을 이론적 가정에 맞추기 위해 사회가 동원되는 지경에까지 이른 것이다. 노동시장이라는 이론적 모델은 무척이나 세련된 지적 상상의 조형물일 수는 있다. 그러나 이런 인위적 상상은 노동현실을 설명하기 위한 하나의 도구일 뿐이다. 그럼에도 불구하고 요즘의 경제학자, 언론인, 관료, 정치인들은 이런 상상의 모델에 따라 사람들이 움직이지 않는다며 불평에 가득 차 있고, 사람들로 하여금 경제학이 만들어낸 상상의 모델에 따라 행동하도록 강요하기도 한다.

꼬르도니에는 이런 황당한 현상을 명백하게 꼬집어내면서 조목조목 비판하고 있다. 주류 경제학자들의 논문이 무척이나 복잡한 가정을 바탕으로 매우 어려운 수학공식 등을 사용하면서 허황된 주장들을 점잖게 펼친다면, 그는 무척이나 과장된 표현과 유머를 통해 너무나도 상식적인 결론을 도출해낸다. 그는 노동시장이라는 모델을 만들기 위해 동원되는 경제학자들의 이론적 가정이 얼마나 비현실적이며, 이런 비현실적 가정의 합은 초현실적일 수밖에 없다는 단순한 사실을 명쾌하게 보여주고 있는 것이다. 내가 이 책을 번역하기로 결정한 것은 너무나도 당연한 결과였다.

이 책은 2000년 10월 프랑스에서 처음 출간되었다. 따라서 프랑스의 정치·경제적 상황에 대한 설명을 간략하게 덧붙이는 것이 책의 내용을 이해하는 데 도움이 될 것으로 보인다. 미국과 영국에서 시작된 신자유주의 개혁이 프랑스에 전파되어 정책적 변화로 표출된 것은 1983년이다. 미국과 영국에서는 레이건(R. W. Reagan)과 새처(M. H. Thatcher)로 대표되는 보수주의 세력이 신자유주의 개혁을 시작했다면, 역설적으로 프랑스에서는 1980년대 초 심각한 경제위기에 직면하면서 사회주의 세력이 신자유주의 개혁으로의 전환을 주도하게 되었다. 각종 민영화, 규제완화, 긴축재정 같은 경제정책 방향은 그 이후 대부분의 서방 선진국에서 핵심적인 정책 기조로 자리잡게 되었다. 프랑스에서는 1983년 이후 여러 차례 정권교체가 좌·우파간에 이뤄졌지만 신자유주의적 성향의 경제정책 기조는 크게 바뀌지 않고 지속되었다.

물론 이런 신자유주의 정책의 목표는 경제성장을 효율적으로 추진하기 위한 것이었다. 그러나 정책 전환에도 불구하고 경제성장은 요원했고 늘어가는 것은 실업뿐이었다. 1980년대 초반에 100만명에 달하던 프랑스의 실업인구는 1990년대에는 300여만명까지 늘어났고, 이는 12% 정도의 실업률을 나타내는 것이었다. 미비한 경제성장률과 늘어만가는 실업률의 해결책으로 신자유주의자들은 좀더 획기적이고 심층적인 구조조정과 규제완화를 제시했다. 이들은 주류 경제학의 노동시장이론과 실업이론으로 무장하여 프랑스에서의 대량실업은 너무나도 높은 세금과 복지국가 유지를 위한 각출금, 해고를 어렵게 하는 제도적 장치, 최저임금제 때문이라고 진단하고 이런 규제를 없애는 것만이 고용을 보장하는 길이라고 주장하였다. 실제로 사회주의 또는 보수주의 집권 세력들은 이러한 신자유주의적 처방을 실천하려고 시도하였다. 그러나 1990년대 프랑스의 노동세력은 여러 차례에 걸친 대규모 시위와 파업으로 이러한 시도를 가로막고 나섰다.

이런 정치·사회적 반발을 감안하여 프랑스 사회주의 세력은 1997년에 새롭게 집권하면서 기존의 신자유주의 개혁과는 다른 정책을 추진하게 되었다. 그것은 공공 고용의 창출과 노동시간 단축을 통한 고용 창출이라는 전략이었다. 실제로 1990년대 후반에는 이와같은 정책 변화와 경기의 호황으로 프랑스의 실업률이 8~9% 수준으로 낮아졌다. 물론 이 책이 출간된 이후에는 다시 세계경제가 침체기로 돌입하는 징후를 보이면서 실업률이 다시 증가세를 보이고 있지만 말이다.

꼬르도니에 같은 프랑스의 비판적 경제학자들은 1983년 이후의 경제정책이 경제성장보다는 물가안정만을 추구하는 반노동적이고 친자본적인 성격을 가지고 있다고 지적해왔다. 특히 그들은 1990년대 프랑스가 유럽 차원에서 경제통화연합

(EMU, Ecomonic Monetary Union)을 추진하면서 국가의 부채를 축소시키고 긴축재정을 유지하는 정책으로 '물가안정'이라는 제단에 '경제성장'을 희생했다고 보고 있다. 1999년에 유럽의 경제통화연합이 완성되면서 유럽 11개국(뒤에 그리스가 동참함으로써 12개국이 되었다)의 통화정책은 신생 유럽중앙은행이 담당하게 되었고, 이 은행 또한 물가안정을 유일한 정책 목표로 삼으면서 경제성장이나 고용 문제는 뒷전으로 밀려나게 되었다는 것이다. 실제로 이 책의 결론에서 언급하고 있듯이 유럽중앙은행은 물가안정을 위한 통화정책에만 전념하고 있으며, 현재도 유럽 정부들이 요구하는 금리 인하에 저항하고 있다.

이와같은 프랑스의 정치·경제적 상황의 고려는 이 책의 내용을 이해하는 데 보완적인 역할을 할 수 있을 것이다. 그러나 이 책의 핵심적인 내용은 세계적으로 불고 있는 신자유주의 파고를 맞고 있는 국가라면 어디에나 적용될 수 있는 의미를 담고 있다. 어찌보면 이 책이 씌어진 프랑스에서보다 오히려 한국과 같은 상황에서 이런 책의 내용은 더욱 커다란 의미를 가질 수 있다는 생각이 든다. 이는 다음과 같은 몇가지 이유 때문이다.

첫째, 한국은 국제사회나 국제경제구조에서 프랑스보다 훨씬 취약한 입장에 놓여 있다. 프랑스는 미국, 일본, 독일에 이어 세계 제4대 경제대국이며 유럽연합(EU)이라는 경제연합의 일원으로서 일종의 완충장치를 보유하고 있다. 그러나 한국은 1990년대 들어 간신히 선진국 대열에 올라서려는 순간 경제위기의 충격을 맞게 되었다. 따라서 프랑스는 경제정책에 있어 어느정도의 자율성을 확보할 수 있는 반면, 한국은 그 자율성의 범위가 구조적으로 제약될 수밖에 없다. 물론 한국 내의 자본세력은 이러한 국제적 제약을 앞세워 더욱 착취적이고 억압적인 경제정책을 추진하고 있지만 말이다.

둘째, 한국은 프랑스에 비해 미국에 대한 문화적·지적 종속이 훨씬 심각하다. 꼬르도니에가 이 책에서 보여주듯이 신자유주의 경제학은 미국에서 생성되어 전세계로 전파되었다. 미국에서는 경제학적 이론과 모델, 방법론이 다른 사회과학에까지 확산되어가고 있는 상황이다. 또한 미국 사회에서는 최저임금제 같은 제도가 공산주의 사회에나 적합한 제도라고 간주되고, '두시간의 여유'를 주는 즉석해고가 너무나 '당연' 하게 인식되고 있다. '미국=최강대국=최고의 선진국'이라는 등식이 당연시되는 한국에서 신자유주의적 사고가 순식간에 지배담론이 되어버린 것은 신기한 일이 아니다. 따라서 자국의 복지모델에 대해 자부심을 가지고 미국의 '야만적 자본주의'를 혐오하는 전통이 강한 프랑스와 비교해보았을 때 한국 사회가 신자유주의에 대해 가지고 있는 지적·문화적 저항력은 정말 약할 수밖에 없다. 이런 상황에서 신자유주의나 그 정책의 사회적 결과에 대해 심각하게 생각해보지 않았을 지식인들이 경솔하게 노동시장의 유연성을 외치고 다니는 것도 그리 놀라운 일은 아니다.

셋째, 한국의 공공담론의 장은 프랑스에 비해 지나치게 편파적이다. 언론의 논조는 세계경제전쟁이나 국가경쟁력 같은 개념을 동원하여 민족과 국가의 미래를 논하면서 자본과 고용주의 이익을 진흥하는 데 여념이 없고, 앞에서 지적한 국제적 제약과 문화적 종속성을 확대·재생산하는 데 결정적으로 기여하고 있다. 노동자를 대변하고 약자를 보호하려는 언론이 강력한 영향력을 행사하고 있는 프랑스와는 너무나도 다른 상황이다. 시위나 파업이 일어나면 그 경제적 손실을 한국처럼 빨리 그리고 정확하게 계산하여 대대적으로 보도하는 나라가 또 있는지 궁금할 정도다. 또한 사회복지제도를 하나 만들 때마다 한국처럼 그 혜택의 부분적 남용을 집중적으로 추적하여 대서특필하는 나라가 또 있는지도 모르겠다.

이렇게 구조적이고 복합적으로 취약한 상황에서 신자유주의 정책은 경제위기의 기회를 타고 한국 땅에 상륙하여 활개를 치고 있다. 프랑스에서 보수세력이 아닌 사회당 정권이 신자유주의 정책을 도입했듯이, 한국에서는 처음으로 노동세력의 공식적 지지를 등에 업고 집권한 정권이 가장 시장 중심적인 정책 도입에 앞장섰다. 국내시장의 개방, 공기업의 민영화, 탈규제와 규제완화, 중앙은행의 독립, 노동시장의 유연성 제고와 같은 신자유주의의 처방이 심각한 고려나 국민적 논의가 생략된 채 일사천리로 진행되어온 것이다. 이에 대한 비판이나 저항이 조금이라도 고개를 들면 구시대적인 반응이라고 치부되거나 집단이기주의라는 도장을 찍어버리기 일쑤였다.

꼬르도니에는 이 책에서 유머와 풍자를 겸비한 특유의 방법으로 신자유주의 정책의 핵심이 되는 신고전주의 경제학의 실업이론을 발가벗기고 있다. 사회 전체의 이익을 위한다는 명분으로, 그리고 효율적인 경제와 모두를 위한 행복의 이름으로 진행되는 개혁들이 사실은 얼마나 계급편향적인지를 제시해주고 있는 것이다.

옮긴이의 기대는 이같은 치밀한 분석작업이 프랑스에서처

럼 한국에서도, 더 나아가서는 양심과 상식을 갖춘 전세계의 모든 사람들에게 비인간적이고 반사회적인 사상과 정책에 저항할 수 있는 지적 도구를 제공하는 데 기여했으면 하는 점이다. 거지를 동정하고 가난한 사람의 불행에 슬퍼하고 이들을 도와주려고 노력해야 한다는 양심의 목소리는 어느 사회에서나 전통적인 의무에 속한다. 꼬르도니에 식으로 표현하자면 "그럼 거지가 아니라 부자와 가진 자를 동정하랴?"라고 되물어야 할 지경이다. 노벨경제학상 수상자들이 득실거리는 미국의 명문 대학에서 경제학을 전공한 관료나 교수들이 뭐라고 해도 상식에 기초한 우리의 양심의 소리를 완전히 침묵시키지는 못할 것이다. 경제학자들이 책상에 앉아 상상해낸 시장이라는 공식에 우리의 밥줄이 달려 있는 경제현실을 맡길 수는 없는 것이 아닌가? 요즘 유행하는 시장만능주의는 모든 것을 중앙화하여 국가기관에서 관리할 수 있다는 공산주의의 환상과 별 다를 바 없는 신화에 불과하기 때문이다. 공산주의가 인민의 행복을 노래하면서 당 간부들의 특권을 키워주었듯이 시장의 독재는 가진 자, 힘있는 자, 배운 자의 몫을 더욱 불려줄 뿐이다.

부디 많은 독자들이 이 책을 읽고 마음속에서 메아리치고 있는 양심과 상식의 목소리를 되찾기 바란다. 그리고 경제학을 운운하고 경제의 이치를 내세우며 떠드는 사람들에 대한 컴플렉스에서 완전히 해방되기를 바란다.

2001년 11월
미국 매서추씨츠 케임브리지에서
조 홍 식

참고문헌

Azariadis, C., "Implicit contracts and underemployment equilibria," *Journal of Economic Theory* (1975), 1183~1202면.

Akerlof, G. A. et Yellen, J., "The fair wage-effort hypothesis and unemployment," *Quarterly Journal of Economics* 1990년 5월호 255 ~83면.

Baily, M. N., "Wages and unemployment under uncertain demand," *Review of Economic Studies* 1974년 41호 37~50면.

Becker, G., *Human capital: A theoretical and empirical analysis, with special reference to education*, New York: National Bureau of Economic Reserch 1964.

Debreu, G., "Excess demand functions," *Journal of Mathematical Economics* 1974년 1호 15~23면.

Dunlop, J., *Wage determination under trade unions*, New York: Mac Millan 1944.

Friedman, M., "The role of monetary policy," *American Economic Review* 1968년 58호 1~17면.

Gordon, D. F., "A neoclassical theory of keynesian unemployment," *Economic Inquiry* 1974년 XII 431~59면.

Guerrien, B., *La Théorie néo-classique, bilan et perspectives du modèle d'équilibre général*, Paris: Economica 1989.

Lindbeck, A. & Snower, J., "Wage setting, unemployment, and insider-outsider relations," *American Economic Review* 1986년 76호 235~39면.

Malthus, T. R. (1803) *Essai sur le principe de population*, Paris: Guillaumin 1845.

Majnoni, d'Intignano B., *La Protection sociale*, Paris: Hachette 1997.

Mantel, R., "On the characterisation of aggregate excess demand," *Journal of Economic Theory* 1974년 7호 348~53면.

McCall, J., "Economics of information and job search," *Quarterly Journal of Economics* 1970년 84호 113~26면.

McDonald, I. M. & Solow, R. M., "Wage bargaining and employment," *American Economic Review* 1980년 71호, 896~908면.

Minc, A., *La Machine égalitaire*, Paris: Grasset 1987.

Mortensen, D., "Job search, the duration of unemployment, and the Phillips curve," *American Economic Review* 1970년 60호 505~17면.

Nickell, S. J. & Andrews, M., "Unions, real wage and employment in Britain 1951-1979," *Oxford Enonomic Papers* 35호 supplément 183~206면.

Phelps, E. S., *Économie Politique*, Paris: Fayard 1990.

Rubinstein, A., "Perfect equilibrium in a bargaining model," *Econometrica*, vol. 50, 1982.

Salop, S. C., "A model of the natural rate of unemployment," *American Economic Review* 1979년 69호 117~25면.

Samuelson, P. A., *L'Économique*, Paris: Armand Colin 1969.

Schumpeter, J. A. (1954) *Histoire de l'analyse économique*, Paris: Gallimard 1983.

Smith, A. (1776) *Recherches sur la nature et les causes de la richesse des nations*, Paris: Gallimard 1990.

Snowdon, B., Vane H. & Wynarczyk P., *La Pensée économique moderne*, Paris: Ediscience international 1997.

Sonnenschein, H., "Market excess demand functions," *Econometrica* 1972년 40호 548~63면.

_____ "Do Walras identity and continuity characterize the class of excess demand function?," *Journal of Economic Theory* 1973년 6호 345~54면.

Walras, L. (1900) *Éléments d'économie politique pure*, 4ᵉ éd., LGDJ 1952.

Weiss, A., "Job queues and layoffs in labor markets with flexible wages," *Journal of Political Economy* 1980년 88호 526~38면.

추천도서

경제학자들을 이해하고 경제학을 어느정도 이해하기 위한 훌륭한 교과서는 여전히 쌔뮤얼슨의 저서이다. 이 책의 제2권 24장과 31~33장은 오늘날까지도 노동경제학에 대한 신고전주의 이론의 입장을 잘 보여준다.

Paul A. Samuelson, *L'Économique*, tomes 1 et 2, Paris: Armand Colin 1972.

현대 경제학이론의 가장 수준 높고 교육적인 안내서.

Edmund S. Phelps, *Économie Politique*, Paris: Fayard 1990.

위의 두 책을 보면서 문제가 있을 때는 경제학 분석의 가장 훌륭한 사전을 참고하기 바란다. 다음 책은 사전의 역할뿐 아니라 주요 경제학 지식과 논쟁에 대해 비판적이고 이해하기 쉬운 안내서의 역할도 한다.

Bernard Guerrien, *Dictionnaire d'analyse économique*, Paris: La Découverte 1996.

노동경제학에 관한 문제를 더욱 심도있게 탐구하기 위해서는 프랑스어로 된 저서 중에서 가장 총괄적이라고 할 수 있는 다음 책을 참고하면 된다.

Pierre Cahuc et André Zylberberg, *Économie du tranail. La formation des salaires et les déterminants du chômage,* Paris: De Boeck Université 1996.

명확하고 교육적인 영문 저서로는 다음 책이 있다.

Randall K. Filer, Daniel S. Hamermesh, Albert E. Rees, *The Economics of Work and Pay*, New York: Harper Collins 1996.

이 책과 같은 주제를 다루는 대중적 저서 중에서는 다음 책이 추천할 만하다. 특히 두번째 저서는 현대 주류 경제학에 대한 대안적 접근들을 소개하기 때문에 여기서 소개한 이론에 대한 적절한 균형감각을 제공할 것이다.

Anne Perrot, *Les Nouvelles théories du marché du travail,* Paris: La Dé couverte 1995.

Bénédicte Reynaud, *Les Théories du salaire,* Paris: La Découverte 1994.

깊은 관심을 가지고 있는 독자를 위해서 설명하자면, 이 책의 1장부터 3장까지의 내용은 모든 경제학 교과서에 상세히 수록되어 있다. 그리고 4장과 5장의 내용은 노동경제학 교과서에 등장하는 이론들이다. 좀더 상세한 내용은 교과서를 참고하길 바란다.

다음 두 권의 책에는 4장과 5장에서 소개한 이론의 논문들이 수록되어 있어 직접 읽을 수 있다.

Gilbert Abraham-Frois et Françoise Labre (éd.) *La Macroéconomie après Lucas,* Textes choisis, Paris: Economica 1998.

N. Gregory Mankiw and David Romer (éds.), *New Keynesian Ecomonics,* Cambridge, Massachussetts: The MIT Press 1991.

ⓒ ÉDITIONS RAISONS D'AGIR 2000
한국어판 ⓒ (주)창작과비평사 2001

거지를 동정하지 마라?
경제학의 실업이론 비판

초판 1쇄 발행 / 2001년 12월 10일
초판 2쇄 발행 / 2003년 4월 1일

지은이 / 로랑 꼬르도니에
옮긴이 / 조흥식
펴낸이 / 고세현
편집 / 강일우·김정혜·김민경·서정은
펴낸곳 / (주)창작과비평사

등록 / 1986년 8월 5일 제10-145호
주소 / 서울시 마포구 용강동 50-1 우편번호 121-875
전화 / 영업 718-0541·0542, 701-7876 편집 718-0543·0544
       기획 703-3843 독자사업 716-7876
팩시밀리 / 영업 713-2403 편집 703-9806
홈페이지 / www.changbi.com
전자우편 / human@changbi.com
지로번호 / 3002568

ISBN 89-364-8511-3 03300
* 책값은 뒤표지에 표시되어 있습니다.